In gleicher Ausstattung erschienen:

Von Feen, Elfen und Prinzessinnen
Fantastische Geschichten zum Träumen
von Enid Blyton, Käthe Recheis und vielen anderen
Mit Bildern von Sven Leberer
ISBN 978-3-480-22220-9

Von Drachen, Rittern und Piraten
Die schönsten Abenteuergeschichten
von Cornelia Funke, James Krüss und vielen anderen
Mit Bildern von Sven Leberer
ISBN 978-3-480-22109-7

Abends, wenn es dunkel wird
Die schönsten Geschichten vor dem Schlafengehen
von Paul Maar, Fredrik Vahle und vielen anderen
Mit Bildern von Sven Leberer
ISBN 978-3-480-21884-4

Gespenster, Geister, Gänsehaut
Die schönsten Geschichten zum Gruseln
von Mirjam Pressler, Josef Guggenmos und vielen anderen
Mit Bildern von Sven Leberer
ISBN 978-3-480-21984-1

Anschrift: Postfach 10 03 25, 73703 Esslingen
www.esslinger-verlag.de

ISBN 978 3-480-22309-1

Esslingers Erzählungen

Von Mäusen, Bären und fliegenden Tigern

* * * * * *

Die schönsten Tiergeschichten von
Cornelia Funke, Paul Maar, Erich Kästner, Josef Guggenmos
und vielen anderen zum Lesen und Vorlesen.

Ausgewählt
von Ulrike Sauerhöfer
mit Bildern
von Sven Leberer

esslinger

Inhalt

Mein Onkel Frank aus Bremen

Von Ulrike Sauerhöfer

Mein Onkel Frank aus Bremen,
der konnte Tiere zähmen.
Er ließ ein Nilpferd singen,
ein Faultier Stöckchen bringen.
Die Schnecke lief 'nen Marathon,
ein Floh tanzte zum Grammophon.
Ein Esel konnte fließend lesen,
als wäre er nie dumm gewesen.

Ein Kälbchen schrie statt „Muh", „Miau"
und täglich duschte sich die Sau.
Die Eule blieb am Tage wach,
ein Eisbär turnte auf dem Dach.
Ein großes Drachenungeheuer
spie Limonade aus statt Feuer.
Sie hat ihm ziemlich gut geschmeckt,
denn es hat alles aufgeleckt!

Ja, alle Tiere standen stramm,
wenn Onkel Frank nur näher kam.
Nur einmal zwickte ihn ein Schwein
ganz fest in seinen Zeh hinein.
Es wollt' partout nicht rückwärts gehn.
Das kann man aber auch verstehn!
Da ließ es Onkel Frank in Ruhe
und trug seitdem nur feste Schuhe.

Wir heißen Flickflack, und du?

Von Sophie Brandes

Weit weg von hier, in einem Gebirge, lebte ein Fledermauspaar schön und stattlich.
Die Fledermaus und der Fledermäuserich hatten keine Sorgen; denn sie besaßen fast alles, was zu einem glücklichen Fledermausleben gehört: eine geräumige Höhle, einen tiefblauen, unterirdischen See und ringsum die schönste Himmelswelt, um darin kreuz und quer zu fliegen. Und nun sollte die Fledermäusin auch noch Nachwuchs bekommen. Pünktlich zu Vollmond war es dann so weit: Die Fledermäusin bekam sieben Fledermauskinder. Eines war herziger als das andere. Mutter Fledermaus leckte die Kleinen nacheinander trocken, wie es Sitte ist in Fledermausfamilien. Alle waren seidenweich und mausgrau. Alle, bis auf eines.
Nein, das durfte nicht wahr sein! Das siebente Mäuschen nämlich war nicht etwa seidenweich und mäusegrau, sondern abscheulich gefleckt und borstig obendrein. Man leckte sich ja die Zunge wund an diesem Balg! Mutter Fledermaus jammerte und zeterte und rief den Fledermäuserich zu Hilfe.
„Sieh dir das an!", sagte sie. „Diesen Flickflack will ich nicht. Er sieht nicht aus wie unsereins!"
„Leider muss ich dir recht geben", antwortete der Fledermäuserich. Und sie wendeten sich ab und ließen das arme, schwarzweiß gefleckte Fledermäuschen allein. Nur der Name Flickflack blieb ihm.
Ab und zu gaben ihm seine Geschwister zwar etwas von ihren Speisen ab, wenn sie satt waren. Und auch der Fledermausvater steckte ihm manchmal heimlich einen Brocken zu. Aber dennoch fühlte sich Flickflack einsam und traurig. Niemand wollte mit ihm lachen und spielen und Spiralen fliegen.

Da sagte er sich: „Mir bleibt nichts anderes übrig, als meine Eltern und Geschwister zu verlassen. Denn hier sieht man mich nicht gern. Vielleicht finde ich irgendwo anders auf der Welt Freunde. Wer weiß!“

So verließ Flickflack eines Tages schweren Mäuseherzens seine Höhle und die Berge, Wälder und Flüsse seiner Heimat. Zehn Tage und zehn Nächte lang flatterte er nach Westen.

Erst als seine Flügel lahm wurden vor Müdigkeit und seine Kehle trocken vor Durst, hielt Flickflack an.

Schwer wie ein Stein sank er zu Boden, auf eine weiche, saftige Wiese. Zwei ganze Tage schlief er dort durch. In der zweiten Nacht wurde er von einem seltsamen Geräusch wach. Es hörte sich wie „Bong“ an. Dann leckte jemand über sein Fell.

„Halt!“, rief Flickflack. „Wer bist du?“ Eigentlich war ihm gar nicht unwohl zumute. Vor ihm stand ein riesiger Kerl. So groß wie ein Berg, mit einem Riesenmaul und zwei gewaltigen Stangen rechts und links der Ohren.

Der hatte ein „Dingdong“ um den Hals, nennen wir es Glocke.

„Keine Angst“, brummte der Riesenkerl. „Ich bin schmusegemütlich und habe noch nie jemandem etwas zuleide getan. Alle nennen mich Flickflack.“

„Wie bitte?“, quietschte das Fledermäuschen. „Dann heißt du ja genauso wie ich.“ Und es besah sich den Riesenkerl ganz genau. Nun verstand Flickflack, weshalb der Riesenkerl auch Flickflack hieß. Weil er nämlich schwarzweiß gefleckt und borstig war, genau wie er.

Das war ein Ding!

Die beiden Flickflacks hatten sich viel zu erzählen. Als sie ihre Geschichten fertig erzählt hatten, zogen sie gemütlich miteinander durch die Welt. Flickflack eins schlief bei Tage hinter den Ohren von Flickflack zwei. Nachts, wenn Flickflack zwei unter einem Baum schlief, ging er auf Nahrungssuche.

So verging die Zeit und die zwei kamen weit voran.

Eines Tages, als Flickflack zwei gerade verdaute und Flickflack eins schlief, stahl sich heimlich und leise jemand heran.

Da hatte man doch gerade etwas blitzen sehen! Alles, was blitzte, wollte dieser Jemand haben. Er war nämlich ein notorischer Dieb. Eine Elster war es. Sie versuchte, die Glocke von Flickflack zwei zu klauen. Aber die saß fest am Hals.

„Entschuldigung!“, sagte die Elster, als Flickflack zwei empört muhte. „Ich wusste ja nicht, dass die Glocke dir gehört! Sie glänzt so schön und ich bin verliebt in alles, was glänzt.“

„Schon gut, schon gut“, besänftigte Flickflack zwei die Diebin. „Und nicht so laut! Hier schläft nämlich jemand!“

„So, wer schläft denn hier?“, wollte sie wissen.

„Flickflack eins“, sagte Flickflack zwei.

„Wie bitte? Flickflack? So heiße ich doch auch!"
Von dem Krach wachte Flickflack eins auf. Man machte sich allseitig bekannt und erzählte aus dem eigenen Leben, bis es nichts mehr zu erzählen gab.
„Wir nennen dich einfach Flickflack drei", sagten Flickflack eins und zwei. „Hast du Lust mitzukommen?"
Und so kam es, dass die drei Flickflacks nun gemeinsam durch die Welt zogen. Das ging auch eine Weile ganz gut. Aber eben nur eine Weile. Denn die Zahl drei bringt nichts Gutes.
Wenn Flickflack eins mit Flickflack drei etwas zu lachen hatte, ärgerte sich Flickflack zwei. Und wenn Flickflack zwei etwas mit Flickflack drei zu muhen hatte, fühlte sich Flickflack eins traurig und zurückgesetzt.
„Zu dreien ist es schwer", dachte jeder bei sich.
Und sie fingen an, einander ein wenig aus dem Weg zu gehen. Denn eigentlich wollte keiner gern Streit.
Dabei hatten sie gar nicht bemerkt, wie weit sie schon miteinander gegangen waren. Bis nach China nämlich.
Eines Abends, sie machten gerade bei einem Bambuswäldchen Halt, brummelte es plötzlich zwischen den Halmen. Und ehe sich unsere erstaunten Flickflacks versahen, tauchte ein Kopf zwischen den Stämmen auf. Und was für ein Kopf!
Die drei Flickflacks fingen lauthals an zu lachen.

„Walum lacht ihl?", fragte der Besucher aus dem Bambuswald.
Es war übrigens ein freundlicher Pandabär, der nur kein R sprechen konnte. Das haben Pandabären so an sich.
„Wetten?", sagte Flickflack eins. „Dass wir erraten", sagte Flickflack zwei, „wie du heißt?", sagte Flickflack drei.
„Walum?", fragte der Pandabär.
„Flickflack, stimmt's?", sagten alle wie aus einem Munde.
Der Bär nickte und freute sich.
„Wir heißen auch Flickflack", sagten die drei Flickflacks. „Und gerne wären wir vier. Dann könnten immer zwei von uns zusammen lachen und zwei zusammen kuscheln. Und manchmal könnten wir auch zu viert etwas unternehmen. Das wäre schön!"
Dem Bären war das recht und er hieß jetzt Flickflack vier.
Seither gab es keinen Streit mehr zwischen ihnen. Sie fühlten sich stark und glücklich und zogen durch die Welt.
Wahrscheinlich ziehen sie noch heute!

Gespräch der Fische

Von Josef Guggenmos

Tausend Tropfen tupften auf den See von Tippeltappeltoppel, auf den See von Tippeltappeltoppel tupften tausend Tropfen.

Das muss man hundertmal geschwind hintereinander sagen. Denn so viel und so schnell regnete es auf den See von Duweißt-schon-wo.

„So ist's recht!", sprach der Hecht.

Und alle Fische im See waren der gleichen Meinung.

„Regnen soll es, regnen!"

„Den ganzen Tag und die ganze Nacht!"

„Bis der See überläuft!"

„Bis das Wasser in die Straßen von Tippeltappeltoppel rinnt!"

„Bis es in alle Häuser steigt!"

„Und in alle Geschäfte!"

„Und in die Schule!"

„Dann werden wir durch die Straßen schwimmen", sagte der Barsch. „Und durchs Fenster ins Klassenzimmer!"

„Denn die Schule", sagte der Karpfen, „ist der lustigste Ort von der Welt. Sonst liefen die Kinder nicht alle Tage hinein!"

Und alle Fische freuten sich schon aufs Hochwasser. Und auf den Besuch in der Schule.

Doch was sagte da die Forelle?

„Es wird wieder helle!"

„Das ist mir gar nicht recht!", sprach der Hecht.

Der gestiefelte Kater

Brüder Grimm

Ein Müller hatte drei Söhne, seine Mühle, einen Esel und einen Kater. Die Söhne mussten mahlen, der Esel Getreide holen und Mehl forttragen und die Katz die Mäuse wegfangen. Als der Müller starb, teilten sich die drei Söhne die Erbschaft: Der älteste bekam die Mühle, der zweite den Esel, der dritte den Kater, weiter blieb nichts für ihn übrig. Da war er traurig und sprach zu sich selbst: „Ich hab es doch am allerschlimmsten gekriegt: Mein ältester Bruder kann mahlen, mein zweiter kann auf seinem Esel reiten. Was kann ich mit dem Kater anfangen? Lass ich mir ein Paar Pelzhandschuhe aus seinem Fell machen, so ist's vorbei." – „Hör", fing der Kater an, der alles verstanden hatte, was er gesagt, „du brauchst mich nicht zu töten, um ein Paar schlechte Handschuh aus meinem Pelz zu kriegen. Lass mir nur ein Paar Stiefel machen, dass ich ausgehen kann und mich unter den Leuten sehen lassen, dann soll dir bald geholfen sein."

Der Müllerssohn verwunderte sich, dass der Kater so sprach. Weil aber eben der Schuster vorbeiging, rief er ihn herein und ließ ihm ein Paar Stiefel anmessen. Als sie fertig waren, zog sie der Kater an, nahm einen Sack, machte den Boden desselben voll Korn, oben aber eine Schnur daran, womit man ihn zuziehen konnte. Dann warf er ihn über den Rücken und ging auf zwei Beinen, wie ein Mensch, zur Tür hinaus.

Dazumal regierte ein König in dem Land, der aß die Rebhühner so gern. Es war aber eine Not, dass keine zu kriegen waren. Der ganze Wald war voll, aber sie waren so scheu, dass kein Jäger sie erreichen konnte.

Das wusste der Kater und gedachte, seine Sache besser zu machen. Als er in den Wald kam, tat er den Sack auf, breitete das Korn auseinander, die Schnur aber legte er ins Gras und leitete sie hinter einen Zaun. Da versteckte er sich selber, schlich herum und lauerte. Die Rebhühner kamen bald gelaufen, fanden das Korn, und eins nach dem andern hüpfte in den Sack hinein. Als eine gute Anzahl darin war, zog der Kater den Strick zu, lief herzu und drehte ihnen den Hals um. Dann warf er den Sack auf den Rücken und ging geradewegs nach des Königs Schloss. Die Wache rief: „Halt! Wohin?"– „Zu dem König", antwortete der Kater kurzweg. – „Bist du toll, ein Kater zum König?" – „Lasst ihn nur gehen", sagte ein anderer, „der König hat doch oft Langeweil, vielleicht macht ihm der Kater mit seinem Brummen und Spinnen Vergnügen."

Als der Kater vor den König kam, machte er eine Reverenz und sagte: „Mein Herr, der Graf" – dabei nannte er einen langen und vornehmen Namen – „lässt sich dem Herrn König empfehlen und schickt ihm hier Rebhühner, die er eben in Schlingen gefangen hat." Der König erstaunte über die schönen, fetten Rebhühner, wusste sich vor Freude nicht zu lassen und befahl, dem Kater so viel Gold

aus der Schatzkammer in den Sack zu tun, als er tragen könne: „Das bring deinem Herrn und dank ihm noch vielmal für sein Geschenk."

Der arme Müllerssohn aber saß zu Haus am Fenster, stützte den Kopf auf die Hand und dachte, dass er nun sein Letztes für die Stiefel des Katers weggegeben, und was werde ihm der Großes dafür bringen können. Da trat der Kater herein, warf den Sack vom Rücken, schnürte ihn auf und schüttelte das Gold vor den Müller hin: „Da hast du etwas für die Stiefel, der König lässt dich auch grüßen und dir viel Dank sagen."

Der Müller war froh über den Reichtum, ohne dass er noch recht begreifen konnte, wie es zugegangen war. Der Kater aber, während er seine Stiefel auszog, erzählte ihm alles, dann sagte er: „Du hast zwar jetzt Geld genug, aber dabei soll es nicht bleiben. Morgen zieh ich meine Stiefel wieder an, du sollst noch reicher werden, dem König hab ich gesagt, dass du ein Graf bist."

Am andern Tag ging der Kater, wie er gesagt hatte, wohl gestiefelt, wieder auf die Jagd und brachte dem König einen reichen Fang. So ging es alle Tage, und der Kater brachte alle Tage Gold heim und ward so beliebt beim König, dass er aus- und eingehen durfte und im Schloss herumstreichen, wo er wollte.

Einmal stand der Kater in der Küche des

Königs beim Herd und wärmte sich, da kam der Kutscher und fluchte: „Ich wünsch', der König mit der Prinzessin wär beim Henker! Ich wollt' ins Wirtshaus gehen und einmal trinken und Karten spielen, da soll ich sie spazieren fahren an den See."

Wie der Kater das hörte, schlich er nach Haus und sagte zu seinem Herrn: „Wenn du willst ein Graf und reich werden, so komm mit mir hinaus an den See und bad' dich darin." Der Müller wusste nicht, was er dazu sagen sollte, doch folgte er dem Kater, ging mit ihm, zog sich splitternackend aus und sprang ins Wasser. Der Kater aber nahm seine Kleider, trug sie fort und versteckte sie. Kaum war er damit fertig, da kam der König daher gefahren. Der Kater fing sogleich an, erbärmlich zu lamentieren: „Ach! Allergnädigster König! Mein Herr, der Graf, hat sich hier im See gebadet, da ist ein Dieb gekommen und hat ihm die Kleider gestohlen, die am Ufer lagen, nun ist der Herr Graf im Wasser und kann nicht heraus, und wenn er länger darin bleibt, wird er sich erkälten und sterben."

Wie der König das hörte, ließ er haltmachen, und einer von seinen Leuten musste zurückjagen und von des Königs Kleidern holen. Der Herr Graf zog die prächtigsten Kleider an, und weil ihm ohnehin der König wegen der Rebhühner, die er meinte von ihm empfangen zu haben, gewogen war, so musste er sich zu ihm die Kutsche setzen.

Die Prinzessin war auch nicht bös darüber, denn der Graf war jung und schön und gefiel ihr gut. Der Kater aber war vorausgegangen und zu einer großen Wiese gekommen, wo über hundert Leute waren und Heu machten. „Wem ist die Wiese, ihr Leute?", fragte der Kater. – „Dem großen Zauberer." – „Hört, jetzt wird der König bald vorbeifahren, wenn er fragt, wem die Wiese gehört, so antwortet: dem Grafen. Wenn ihr das nicht tut, so werdet ihr alle totgeschlagen." – Darauf ging der Kater weiter und kam an ein Kornfeld, so groß, dass es niemand übersehen konnte, da standen mehr als zweihundert Leute und schnitten Korn. „Wem ist das Korn, ihr Leute?" – „Dem Zauberer." – „Hört, jetzt wird der König vorbeifahren. Wenn er fragt, wem das Korn gehört, so antwortet: dem Grafen. Wenn ihr das nicht tut, so werdet ihr alle totgeschlagen."

Endlich kam der Kater an einen prächtigen Wald, da standen mehr als dreihundert Leute, fällten die großen Eichen und machten Holz. „Wem ist der Wald, ihr Leute?" – „Dem Zauberer." – „Hört, jetzt wird der König vorbeifahren, wenn er fragt, wem der Wald gehört, so antwortet: dem Grafen. Wenn ihr das nicht tut, so werdet ihr alle umgebracht."

Der Kater ging noch weiter, die Leute sahen ihm alle nach, und weil er so wunderlich aussah und wie ein Mensch in Stiefeln daherging, fürchteten sie sich vor ihm.

Er kam bald an des Zauberers Schloss, trat kecklich hinein und vor ihn hin.

Der Zauberer sah ihn verächtlich an und fragte ihn, was er wolle. Der Kater machte eine Reverenz und sagte: „Ich habe gehört, dass du in jedes Tier nach deinem Gefallen dich verwandeln könntest. Was einen Hund, Fuchs oder auch Wolf betrifft, da will ich es wohl glauben, aber von einem Elefant, das scheint mir ganz unmöglich und deshalb bin ich gekommen, um mich selbst zu überzeugen."

Der Zauberer sagte stolz: „Das ist mir eine Kleinigkeit", und war in dem Augenblick in einen Elefanten verwandelt. „Das ist viel. Aber auch in einen Löwen?" – „Das ist auch nichts", sagte der Zauberer und stand als Löwe vor dem Kater.

Der Kater stellte sich erschrocken und rief: „Das ist unglaublich und unerhört, dergleichen hätt' ich mir nicht im Traume in die Gedanken kommen lassen. Aber noch mehr als alles andere wäre es, wenn du dich auch in ein so kleines Tier, wie eine Maus ist, verwandeln könntest. Du kannst gewiss mehr als irgendein Zauberer auf der Welt, aber das wird dir doch zu hoch sein."

Der Zauberer ward ganz freundlich von den süßen Worten und sagte: „O ja, liebes Kätzchen, das kann ich auch", und sprang als eine Maus im Zimmer herum. Der Kater war hinter ihm her, fing die Maus mit einem Sprung und fraß sie auf.

Der König aber war mit dem Grafen und der Prinzessin weiter spazieren gefahren und kam zu der großen Wiese. „Wem gehört das Heu?", fragte der König. – „Dem Herrn Grafen", riefen alle, wie der Kater ihnen befohlen hatte. – „Ihr habt da ein schönes Stück Land, Herr Graf", sagte er. Danach kamen sie an das große Kornfeld. „Wem gehört das Korn, ihr Leute?" – „Dem Herrn Grafen." – „Ei! Herr Graf, große, schöne Ländereien!" – Darauf zu dem Wald: „Wem gehört das Holz, ihr Leute?" – „Dem Herrn Grafen." Der König verwunderte sich noch mehr und sagte: „Ihr müsst ein reicher Mann sein, Herr Graf. Ich glaube nicht, dass ich einen so prächtigen Wald habe." Endlich kamen sie an das Schloss, der Kater stand oben an der Treppe, und als der Wagen unten hielt, sprang er herab, machte die Türe auf und sagte: „Herr König, Ihr gelangt hier in das Schloss meines Herrn, des Grafen, den diese Ehre für sein Lebtag glücklich machen wird."

Der König stieg aus und verwunderte sich über das prächtige Gebäude, das fast größer und schöner war als sein Schloss. Der Graf aber führte die Prinzessin die Treppe hinauf in den Saal, der ganz von Gold und Edelsteinen flimmerte.

Da ward die Prinzessin mit dem Grafen versprochen, und als der König starb, ward er König, der gestiefelte Kater aber erster Minister.

Die Geschichte von der Kuh Gloria

Von Paul Maar

Die Kuh Gloria war schon als Kind dicker als alle anderen Kühe. Und das steigerte sich noch, je älter sie wurde.

Ihre Lippen waren fleischig, ihre Nase breit, der Kopf war riesig wie ein Kürbis, das heißt, eigentlich noch größer, und dazu hatte sie sehr starke Beine, einen dicken Bauch, grobe, borstige Haare und plumpe Füße.

Weil es keine Kleider in ihrer Größe zu kaufen gab, musste sie sich alles selber nähen, und das tat sie ohne guten Geschmack und ohne großes Geschick. Darum sah sie auch in ihren handgeschneiderten Kleidern noch massiger aus, als sie in Wirklichkeit schon war.

Sie hatte einen Gang wie ein Trampeltier, und wenn sie sprach, klang es, als ob man

in ein leeres Regenfass brüllte. Diese Kuh dachte nicht daran, sich zu bescheiden wie alle anderen Kühe ihres Jahrgangs und eine gute Milchkuh zu sein. Nein, sie war ehrgeizig und wollte Künstlerin werden.

Irgendein Spaßvogel, ich nehme an, es war der Fuchs, hatte ihr gesagt, sie habe so eine schöne Stimme, sie solle sich doch als Sängerin ausbilden lassen. Also nahm sie Musikstunden und gab dann auch ein Konzert.

Alle Kühe kamen, um Gloria singen zu hören. Sie sang zuerst das Lied vom Veilchen am Wegesrand, und das war auch zugleich das letzte Lied, das sie bei ihrem Konzert sang. Denn wenn ihre Stimme beim Reden klang, als käme sie aus der Regentonne, so klang sie beim Singen, als trompeteten zwei Elefanten mit dem Rüssel in eine Gießkanne, während eine Säge gleichzeitig dünnes Blech zerschneidet.
Die Zuhörer hielten sich die Ohren zu, pfiffen, schrien und trampelten, um den fürchterlichen Gesang nicht hören zu müssen, oder rannten scharenweise von der Wiese, wo das Konzert stattfand.
Die Kuh Gloria hörte auf zu singen und begann zu weinen. Alle Kühe dachten: Jetzt wird sie eine brave Milchkuh werden wie wir! Aber nein – sie nahm Tanzstunden und wollte nun ihr Glück als Tänzerin versuchen!
Als sie zum ersten Mal vor den anderen Kühen tanzte, waren noch mehr gekommen, um Gloria zu sehen, als vorher zu ihrem Konzert. Sie kam auf die Bühne in einem Tanzröckchen, so groß, dass man daraus bequem sieben Tischtücher hätte machen können, stolperte schon beim ersten Schritt und fiel über ihre eigenen Füße. Die Zuschauerkühe lachten, aber Gloria ließ sich nicht beirren und machte einen Tanzsprung. Dabei brachen die Bühnenbretter unter ihrem Gewicht und sie sank bis an die Arme ein.
Die Zuschauer lachten wieder, aber fünf starke Ochsen stiegen auf die Bühne und halfen ihr aus dem Loch, woraufhin sie weitertanzte.
Allerdings tanzte sie zu nahe an den Bühnenrand, verlor das Gleichgewicht und stürzte von der Bühne direkt auf die Musiker, die zu ihrem Tanz aufspielten.
Als sie sich mühsam wieder erhob, war die Bassgeige zerbrochen, die Trompete flach gedrückt, das Trommelfell zerplatzt, die Handharmonika war entzweigerissen, und den Dirigentenstock hatte der Musikdirektor vor Schreck verschluckt.
Man kann sich denken, wie die Zuschauer lachten, als die Tänzerin hinter der Bühne verschwand.
Alle sagten: „Nun wird sie ganz bestimmt eine brave Milchkuh werden!"
Aber Gloria dachte nicht daran. Sie wanderte einfach ins Nilpferdland aus, zu den dicken Nilpferden. Dort tanzte sie vor den plumpen Tieren und sang dazu ihre Lieder.
Und am nächsten Tag las man in der Nilpferdzeitung: „Die Künstlerin Gloria, ein zartes, zerbrechliches Persönchen, gab gestern Abend ein Konzert und tanzte dazu. Noch nie hat man hier so eine reine und helle Stimme bewundern dürfen, noch nie hat man so schönen Gesang gehört. Dazu tanzte oder besser gesagt: schwebte die Künstlerin wie eine Elfe über die Bühne, und alle unsere Nilpferdmädchen im Saal waren hingerissen von ihrer Leichtigkeit. Hoffentlich tanzt und singt die Künstlerin Gloria noch oft bei uns im Nilpferdland!"

Der Karpurzel-forscher

Von Ulrike Sauerhöfer

Boris liebte die Schule. Seit etwa drei Wochen ging er in die erste Klasse und schon jetzt fand er, dass das die schönste und spannendste Zeit seines Lebens wäre. Er saß mit 18 anderen Kindern in einem großen Klassenzimmer, das ganz gelb gestrichen war und an den Fenstern grünweiße Jalousien hatte.

Auf die Fensterbretter hatten die Kinder Blumentöpfe gestellt und jede Woche sollte ein anderes Kind die Blumen gießen. Dabei ging der Lehrer alphabetisch vor.

Boris war noch nicht dran gewesen, denn er hieß mit Nachnamen Zimmermann. Das Z aber ist der letzte Buchstabe im Alphabet, deshalb musste Boris noch viel Geduld haben.

Nur eines gefiel Boris in der Schule nicht, und das war ausgerechnet sein Banknachbar Gustav.

Gustav war ein besonders eifriger Schüler. Etwas zu eifrig, fand Boris. Immer, wenn der Lehrer eine Frage stellte, riss Gustav sofort den Arm hoch, und manchmal rief er auch noch: „Hier, Herr Lehrer, ich weiß es! Ich weiß es!"

Dann war er auch immer so furchtbar ordentlich angezogen. Nie war mal ein kleiner Fleck auf seiner Jacke oder ein Riss in der Hose.

Manchmal schämte sich Boris fast ein bisschen, weil er nie so ordentlich aussah.

Selbst wenn er morgens das Frühstück heil überstanden hatte, tropfte spätestens in der ersten Schulpause etwas Kakao auf seinen Pulli, oder sein Leberwurstbrot landete auf seiner Hose, natürlich mit der Wurstseite nach unten.

Boris' Lehrer hieß Herr Knoblauch, und alle machten Witze über seinen Namen, am meisten Herr Knoblauch selbst.

Boris mochte seinen Lehrer sehr. Heute fragte er die Kinder, was sie später mal werden wollten. Das war sehr spannend!

Boris wusste genau, was er werden wollte: Astronaut!

Zum Mond fliegen, zu unentdeckten Sternen, mit Marsmenschen Kontakt aufnehmen, Raketen steuern, Mondgestein untersuchen. Das wünschte sich Boris ganz, ganz fest.

Die anderen Kinder hatten auch tolle Ideen. Die Mädchen wollten Reitlehrerin und Tierärztin, Primaballerina und Modeschöpferin werden und eine sogar Schornsteinfegerin. Die Jungs wollten Fußballer und Hals-Nasen-Ohren-Arzt, Löwenbändiger und Kapitän werden. Keiner wollte Lokomotivführer werden,

das denken immer bloß die Erwachsenen.
Jetzt war nur noch Gustav vor Boris dran. Boris' Herz klopfte.
„Ich will Astronaut werden!", sagte Gustav mit stolz erhobener Stimme.
Astronaut! Ausgerechnet! Boris blieb fast das Herz stehen. Dieser verflixte Gustav! Konnte der sich nicht was anderes ausdenken?
„So, und du Boris, was möchtest du später mal werden?", fragte nun Herr Knoblauch.
Was sollte er jetzt sagen? Boris hätte sich lieber die Zunge abgebissen, als das Gleiche zu sagen wie Gustav. Er schwitzte und wurde im Gesicht puterrot.
„Ich", stammelte er, „ich will Karpurzelforscher werden!"
„Häh? Karpurzelforscher? Was soll das denn sein?", rief Gustav neben ihm.
„Ja, also, ich muss auch sagen, dass ich von … äh, Karpurzeln noch nie etwas gehört habe", meinte Herr Knoblauch nachdenklich, „aber du wirst es uns bestimmt gleich verraten, Boris."
Und er schaute Boris freundlich an.
In diesem Moment klingelte die Schulglocke.
„Genau richtig", dachte Boris erleichtert.
„Na gut, dann eben morgen", schmunzelte Herr Knoblauch, „und nun ab nach Hause mit euch!"
Unter wildem Geschrei stürmten alle Kinder aus dem Klassenzimmer.
Nur Boris packte bedrückt seine Sachen und schlurfte nach Hause.
Da hatte er sich ja in eine schöne Lage gebracht!
Karpurzelforscher! Wie war er nur auf diese Idee gekommen?
Aus lauter Not hatte er sich einfach etwas ausgedacht.
Was sollte er jetzt morgen den anderen Kindern und Herrn Knoblauch erzählen? Bestimmt würden ihn alle auslachen.
Traurig kam er nach Hause. Das Mittagessen schmeckte ihm nicht.
Hinterher konnte er sich kaum auf die Hausaufgaben konzentrieren.
Am Nachmittag saß er nur herum und blies Trübsal.
„Jetzt reicht's", meinte seine Mutter, „du hast ja vielleicht schlechte Laune! Komm, geh ein bisschen in den Garten. Frische Luft tut immer gut."
Normalerweise spielte Boris gerne draußen. Aber heute hatte er zu nichts richtige Lust.
Bedrückt setzte er sich auf einen Stein. Das Leben kam ihm hart und ungerecht vor. Wenn doch dieser blöde Gustav … aber halt! Was war denn das?
Unter dem kleinen Weinstock, den sein Vater liebevoll pflegte, sah Boris ein seltsames Tier.
Grün war es, mit langen dünnen Armen und einem kleinen Kopf. Ein bisschen so wie eine Heuschrecke aber doch irgendwie anders.
„Was bist du denn für ein seltsames Tierchen?", fragte er leise und rückte ein bisschen näher an das kleine Tier heran. „So

was wie dich hab ich noch nie gesehen!“ Und während Boris das merkwürdige Wesen betrachtete, kam ihm ganz plötzlich eine Idee.

„Du wirst doch nicht etwa … ein … Karpurzel sein?“, rief er aus. „Doch, doch, ganz bestimmt. Das ist wie ein Wunder!“

Schnell lief Boris ins Haus und kam mit einem sauberen Marmeladenglas wieder zurück.

Behutsam setzte er das Tierchen hinein, tat ein paar grüne Blätter und einen dünnen Zweig dazu und bohrte am Schluss noch drei Löcher in den Deckel.

Glücklich brachte er sein Karpurzel am nächsten Tag in die Schule.

Damit man es nicht gleich sah, hatte er das Glas in einen Karton und diesen in seine Schultasche gesteckt.

„Na, wo ist denn jetzt dein, äh, … Karfunzel?“, fragte ihn Gustav als Erster grinsend.

„Geduld, nur Geduld“, gab Boris lächelnd zurück.

Endlich kam Herr Knoblauch.

„Guten Morgen, Kinder!“, begrüßte er alle. Dann wandte er sich gleich an Boris: „Hast du uns was mitgebracht? Ich sehe da einen sehr geheimnisvollen Karton auf deinem Tisch!“

„Ja“, antwortete Boris, „ich habe heute ein echtes, sehr seltenes Karpurzel dabei.“

Und dann packte er langsam, ganz langsam das Marmeladenglas aus.

Das kleine, grüne Tierchen war gerade ganz oben auf den Zweig geklettert.

Alle Kinder waren sehr aufgeregt und drängelten sich neugierig um Boris und sein Karpurzel. Auch der Lehrer Herr Knoblauch war beeindruckt.

„Soso, das ist also dein Karpurzel“, meinte er und nickte dazu mit dem Kopf, „und ich hätte fast gedacht, es könnte eine Gottesanbeterin sein. Wie man sich doch täuschen kann!“

Es wurde ein wunderschöner Schultag.

Das Schönste aber war, dass Gustav sich am allermeisten für Boris’ Tier interessierte.

„Komm doch mal zu mir“, schlug er nach der Schule vor, „dann suchen wir zusammen seltene Tiere.“

„Klar!“, rief Boris glücklich.

Oft trafen sich die beiden und fanden dabei wundersame Tiere.

Ein Karpurzel aber war nie wieder dabei!

Vom Igel, der Hunger hatte

Von Josef Guggenmos

Die Stirn in Falten, trippelte der Igel dahin. So klein er war, so groß war sein Hunger.

Von Zeit zu Zeit hielt er inne und hob die Nase. Roch das nicht nach Apfel? Auf seine Nase konnte er sich verlassen. Aber da lag kein Apfel. So weit die kurzsichtigen Augen reichten, war nichts zu sehen als dieses merkwürdige glatte Feld – und gar nichts darauf.

Keine Schnecke saß da und wollte sich fressen lassen. Keine Maus spitzte aus ihrem Loch, der man hätte zeigen können, wie flink so ein behäbiger Igel auf einmal laufen kann.

Und nicht ein einziges Blättchen kündigte irgendwo eine Wurzel an, die zur Not ein Loch im Magen gestopft hätte.

So etwas war ihm noch nicht begegnet, und er hatte doch schon so manchen lieben Abend seine Stacheln durch die Welt getragen.

Entweder roch es nach Apfel, und dann war da auch irgendwo ein Apfelbaum, unter dem es stets etwas zu finden gab. Oder es roch nicht nach Apfel, und dann brauchte man sich nicht wundern, wenn man keine Äpfel fand.

Hier aber schwamm ein Apfelgeruch, wie er noch nie seine Nase gekitzelt hatte; von allen Seiten zugleich schien er zu kommen; das Wasser lief einem nur so im Munde zusammen, – doch von Äpfeln war keine Spur! Die vier kurzen Beine wurden müder und müder, der Hunger wurde größer und größer und der Apfelgeruch blieb immer gleich stark. Schließlich setzte sich der Igel nieder. Er konnte nicht mehr.

Ach, es war ein jämmerliches, kränkendes Ende, so Hungers zu sterben, den herrlichsten Apfelgeruch in der Nase!

Mehr als ein Fuchs hatte schon seine Nase an ihm blutig gestoßen. Fünf furchtbare Kreuzottern, an die sich gar manches große und starke Tier nicht wagte, hatte er nach wildem Kampfe überwältigt und, den Kopf voran, aufgefressen.

Und so ruhmlos musste er nun zugrunde gehen! Nein, das war kein Tod, eines Igels würdig! Aber was half's.

Bekümmert und erschöpft kugelte sich der Igel zusammen, um so sein Ende zu erwarten. Bei dieser Bewegung streifte seine Schnauze zufällig den Boden. Wie sich dieser seltsame Boden anfühlte… Und wie dieser Boden roch!

Mit einem Satze stand er wieder auf den Beinen. Der Boden selber roch nach Apfel! Und er fühlte sich genauso an wie eine Apfelschale!

Da hatte er also seinen Hunger auf einem riesigen Apfel herumgetragen, ja, es hätte nicht viel gefehlt, dann wäre er noch auf ihm verhungert!

Es konnte nicht anders sein: Die Erde selber war zu einem einzigen Apfel geworden. Wie das zugegangen sein mochte, wollte sich der Igel später einmal überlegen. Fürs Erste hatte er nichts als Hunger. Denn wenn das ein Apfel war, dann musste man auch hineinbeißen können!

Gedacht, gebissen. Und wirklich, es schmeckte, wie es gerochen hatte: wunderbar!

Und nun tat der Igel, was jeder andere Igel an seiner Stelle auch getan hätte: Er begann zu fressen und war entschlossen, so schnell nicht mehr aufzuhören.

Ein einziges Mal regte sich sein Gewissen. Ja, ging es denn an, so mir nichts, dir nichts die Erde zu verspeisen?

Ach was – nach diesem garstigen Hunger wollte er sich jetzt satt fressen für den Rest seines Lebens!

Der Igel wusste nicht, wie es zugegangen war: Auf einmal war von dem Riesenapfel nur noch ein Rest übrig.

Ach, einen Bissen noch! Und dann dachte der Igel nichts mehr in seinem kleinen Hirn, bis auch noch der letzte Bissen in seinem Magen verschwunden war.

Da hatte er nun also die ganze zum Apfel gewordene Erde verzehrt. Worauf aber sollte er jetzt noch stehen? O Entsetzen, da hatte er etwas angerichtet!

Der Igel sah in einen tiefen, schwarzen Abgrund. Und schon begann er zu fallen, immer schneller, immer schneller – und erwachte aus seinem Winterschlaf!

Vorsichtig rollte er sich auf. Ja, er lag noch in seinem Laub gepolsterten Nest unter dem Reisighaufen, und ein wenig Frühlingssonne drang schon zu ihm herab.

Nun hatte er also glücklich den langen, bösen Winter verschlafen, und von dem ganzen Traum war nichts wahr gewesen als – sein Hunger.

Seufzend streckte der Igel der Reihe nach seine steifen Glieder. Ja, das Schmerbäuchlein, das er sich im letzten Herbst vorsorglich angefressen hatte, war bedenklich zusammengeschrumpft.

Aber da ein Würmchen und dort ein Käferchen fand er bestimmt auf seinem ersten Gang. Und dann kam der lange, schöne Sommer. Und nach dem Sommer kam wieder ein unermesslich reicher Herbst. Ja, herrliche Monate lagen vor ihm. Und es war doch gut, dass er in seinem Hunger nicht gleich die ganze Erde aufgefressen hatte!

Sascha will einen Hund

Von Gina Ruck-Pauquèt

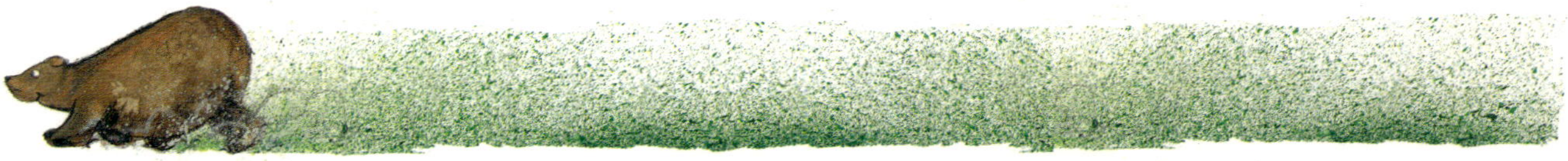

In diesem Sommer war manches sehr seltsam. Die Erwachsenen merkten natürlich nichts, und Sascha fragte sich manchmal heimlich, ob sie wohl ein bisschen dumm sein mochten. Aber so etwas durfte man nicht denken.

Rein äußerlich schien ja auch alles wie immer. Die Wiese im Garten war grün, und die Ameisen schleppten riesige Balken in ihre unterirdische Ameisenstadt. Die dicken, roten Köpfe der Geranien fühlten sich kühl an, sogar wenn die Sonne schien, an der Ecke gab es Schokoladeneis, und der Ball sprang in das Blumenbeet der Nachbarin.

Es roch nach heißem Asphalt, nach Apfelpfannkuchen und abends nach Rosen und Gras. Das war aber immer erst, wenn die Sonne hinters Elektrizitätswerk gefallen war.

Lange Zeit hatte Sascha sich um die Sonne gesorgt, und manchmal war sie ja auch für Tage nicht wiedergekommen. Aber jetzt beschäftigte ihn etwas anderes.

Begonnen hatte es an dem Morgen, an dem der Vogel in der kleinen Fichte sang. Sascha war hingegangen. Sehr vorsichtig natürlich. Aber der Vogel war trotzdem weggeflogen. Er war grün.

Als das Lied entzweiriss, hatte Sascha mit einem Mal das Gefühl, dass neben ihm ein leerer Platz war. Er wandte sich zur Seite – da war wirklich niemand. Sascha schloss die Augen und blickte nach innen. Innen stimmte etwas nicht. Sascha warf einen Stein in die Richtung, in die der Vogel verschwunden war, aber das machte es auch nicht besser. Der leere Platz blieb. Tage- und wochenlang spürte Sascha ihn, wohin er auch ging. Ob er unter dem Kirschbaum stand oder bei den Mülltonnen, in der Garage oder am Gartentor. Er spürte ihn abends im Bett, wenn er Eis aß, und sogar, wenn er sang. Dann allerdings ein bisschen weniger deutlich.

„Hast du was?“, fragte Saschas Mutter einmal. Er konnte es nicht erklären, aber er verstand nicht, dass sie es nicht von selbst sah.

„Ich will einen Hund“, sagte Sascha eines Abends, als sie miteinander am Tisch saßen.

Er staunte selbst, als er es sagte. Es war so aus ihm herausgekommen. Sein Vater spießte ein Salatblatt mit der Gabel auf. In dem Salat war eine Schnecke gewesen. Sie hatte zwei kleine Hörner gehabt. Sascha hatte die Schnecke in den Garten getragen.

„Du bist noch zu klein für einen Hund“, sagte Saschas Vater. „Später.“

„Nein“, sagte Sascha.

„Ein Hund macht zu viel Arbeit“, sagte Saschas Mutter. „Sei vernünftig!“

Nein, dachte Sascha. Er aß sehr schnell die kleinen, gelben Kartoffeln auf und lief in den Garten hinaus. Da draußen vorm Gartentor würde er sitzen, wusste Sascha, und zwischen den Holzstäben hindurch zu ihm hereinschauen.

„Komm rein“, sagte er, und er drückte die Klinke herunter.

Der Hund kam. Es war ein struppiger Hund, und er hieß Fipsig. Die Erwachsenen sahen ihn nicht. Genau genommen sah Sascha ihn auch nicht sehr deutlich. Er fühlte ihn mehr. Aber der Hund war natürlich trotzdem da. Neben ihm, wo der leere Platz gewesen war.

„Sieh mal“, sagte Sascha zu dem Hund und zeigte zum Himmel empor, „das Flugzeug! Es ist aus Papier. Es hat mir gehört. Ich habe es ganz hoch geschmissen, da ist es nicht mehr zurückgekommen. Das fliegt jetzt jeden Tag hier rum.“

Sascha hatte das schon lange jemandem erzählen wollen, er hatte bloß nicht gewusst, wem.

Als er dann losrannte, lief der Hund mit. An sich war das prima, aber Fipsig hatte die dumme Angewohnheit, immerzu vor Saschas Füßen hin und her zu rennen. So musste Sascha komische große Zickzacksprünge machen, um ihm nicht auf die Pfoten zu treten.

Solange er mit Fipsig allein war, war das nicht so schlimm. Wenn sie alle miteinander spazieren gingen, wurde es schon schwieriger.

„Was machst du bloß?", fragte Saschas Mutter.

„Ich springe", sagte Sascha.

Und sein Vater meinte: „In dem Alter sind sie komisch."

Abends sagte er das wieder, als Fipsig neben Sascha auf dem Stuhl saß.

„Setz dich richtig auf den Stuhl!"

Sascha wurde ganz steif. Wenn er weiterrückte, würde Fipsig hinunterfallen.

„Ich kann nicht", antwortete er.

Nachts lag Fipsig mit im Bett.

„Schlaf gut", sagte Sascha, nachdem seine Mutter das Licht ausgeschaltet hatte.

„Mit wem sprichst du denn?", wollte sie wissen.

„Ich?", sagte er. Es war furchtbar schwer mit den Erwachsenen. „Ach, nichts!"

Jetzt hatte Sascha keine Angst mehr im Dunkeln. Einmal kletterte er sogar mit Fipsig durchs Fenster in den Garten. Es war die schwärzeste Nacht aller Zeiten. Noch schwärzer als schwarze Schuhcreme. Alles war ganz komisch. Ein Tier flog durch die Luft. Das schrie wie eine Katze. Das Quietschen der Straßenbahn schien näher als sonst, und der Garten war so groß, dass man sich vorstellen konnte, er höre überhaupt nicht auf.

Der Kirschbaum stand viel weiter links als sonst. Sascha hatte das immer vermutet – dass der Baum nachts herumlief, wenn es keiner sah.

„Wir verraten ihn nicht", sagte er zu Fipsig. „Großes Ehrenwort!"

Er tastete irgendwo nach einem Stein. Den nahm er mit, zum Zeichen dafür, dass er mitten in der Nacht draußen gewesen war. Dann gingen sie wieder ins Bett.

Es war schön mit Fipsig. Aber manchmal passierten auch ärgerliche Dinge. Hin und wieder lief Fipsig nämlich fort. Sascha bemerkte das gleich. Er fühlte, dass neben ihm ein leerer Platz war.

„Was macht man eigentlich, wenn ein Hund wegläuft?", fragte Sascha so ganz nebenbei.

„Man wartet, bis er wiederkommt", sagte seine Mutter.

Sie war damit beschäftigt, den Stachelbeeren die Bärte abzuschneiden.

Sascha setzte sich draußen auf einen Stein und wartete.

„Da bist du ja endlich!", sagte er, als Fipsig wieder da war. „Vorhin ist ein Zug vorbeigekommen, der wollte mich mit nach Afrika nehmen. Da hättest du mich niemals wieder gesehen."

Plötzlich war Sascha traurig. Er pflückte eine grüne Tomate ab und biss hinein. Sie schmeckte grauenhaft.

„Fipsig", sagte Sascha, „du darfst nicht weglaufen. Ich habe doch nur dich", fügte er hinzu. Das hatte seine Mutter einmal zu seinem Vater gesagt.

Dann war wieder alles in Ordnung. Für lange Zeit war alles in Ordnung. Nur, dass seine Mutter die Tür immer so schnell schloss, wenn Sascha ins Haus gegangen war, das war unangenehm. Sascha musste sie jedes Mal wieder öffnen, um Fipsig hineinzulassen.

„Es ist Zeit, dass er in die Schule kommt", sagte Saschas Vater. „Er braucht Spielkameraden. Schade, dass hier keine Kinder in der Nähe sind."

Von da ab beobachteten sie ihn manchmal. Sascha bemerkte es wohl. Aber sie begriffen natürlich nichts.

Da war Fipsig anders. Er kannte die verzauberten Stellen auf den Steinen, auf die man nicht treten durfte, er wusste, dass unter dem Strauch am Zaun ein lila Elefant wohnte – ein sehr kleiner Elefant, aber Sascha hatte ihn einmal gesehen –, und er wusste, dass es nicht schlimm war, wenn Sascha hin und wieder einen Grashalm aß. Manchmal warf er allerdings die Burg um, wenn sie im Sandkasten spielten. Aber was machte das schon?

Eine Weile konnten sie dann nicht draußen sein, weil es regnete. Sascha blätterte in Bilderbüchern, und Fipsig saß neben ihm.

„Wenn es aufhört", sagte Sascha, „das wird fein! Wir graben einen unterirdischen Gang. Da leben wir dann. Zum Essen gehen wir natürlich hinauf."

Und dann passierte es, am ersten Tag, als die Sonne wieder schien. Das heißt – eigentlich passierte überhaupt nichts, jedenfalls nicht für Sascha. Aber die Erwachsenen sahen das anders.

Eines Morgens ging Sascha zum Briefkasten. Hinter dem Gartentor saß ein Hund. Es war natürlich Fipsig. Er war größer, als Sascha gedacht hatte, und schwarz. Und er war einer von den Hunden, die auch die Erwachsenen sehen. Aber trotzdem war es natürlich Fipsig.

„Komm rein!", sagte Sascha, und er drückte die Klinke herunter.

Der Hund kam. Als Sascha ihn streichelte, biss er ihn. „Fipsig“, sagte Sascha, „du bist gemein.“
Er band sein Taschentuch um die Hand und ging in die Küche. Der Hund folgte ihm.
„Kann ich ein Bonbon haben?“, fragte Sascha.
„Wo kommt der Hund her?“, schrie seine Mutter. „Was ist das für ein Hund?“
„Der war doch schon immer da“, sagte Sascha kauend.
Sekundenlang starrte seine Mutter ihn an. „Bring den Hund fort!“, sagte sie dann.
„Wohin denn?“, fragte Sascha.
„Woher hast du ihn denn?“
„Er kam zum Gartentor herein“, antwortete Sascha.
„Dann bring ihn wieder hinaus!“
„Nein“, heulte Sascha und rannte mit Fipsig in die Garage.
„Daran bist du selbst schuld!“, sagte Sascha zu dem Hund. „War das nötig?“
Der Hund schaute an Sascha vorbei auf einen Punkt an der Wand, an dem nichts Besonderes war.
Gegen Abend kam Saschas Vater nach Hause.
„Der Hund sieht aus, als ob er niemandem gehört“, meinte er. „Er ist völlig verwahrlost. Vielleicht ist es gut für Sascha, wenn wir ihn behalten. Wir müssen natürlich eine Annonce aufgeben“, setzte er hinzu. „Aber wenn sich keiner meldet …“
„Freust du dich nicht?“, fragte er Sascha, der teilnahmslos daneben stand.

Sascha wusste nicht recht. Musste man sich freuen, wenn man einen Hund bekam, der einem sowieso gehörte?
„Wie nennen wir ihn denn?“, fragte Saschas Vater.
„Er heißt Fipsig“, sagte Sascha, und er streckte seine Hand in das verfilzte Fell des Hundes.
„Fipsig“, wiederholte Saschas Vater.
Und es hörte sich an, als ob er etwas im Mund hätte, das er zum ersten Mal aß.
Dann fingen sie an, den Hund zu baden.
Daran bist du auch selbst schuld, dachte Sascha. Und das dachte er in der folgenden Zeit noch oft. Seitdem der Hund für alle sichtbar geworden war, hatte er sich verändert. Er trat jetzt manchmal auf die verzauberten Steine auf der Terrasse. Doch das konnte natürlich jedem passieren. Er musste alle Tage gebürstet werden, trug ein Halsband und bellte, wenn Leute vorübergingen.
Aber in Saschas Bett schlief er immer noch. Obschon es verboten war. Saschas Mutter wusste nichts davon. Oder vielleicht doch. Die schwarzen Haare, die Fipsig auf dem Plumeau hinterließ, waren jedenfalls abends verschwunden.
„Du bist mein Freund“, sagte Sascha zu seinem Hund, als die Mutter ihm einen Griffelkasten kaufte. „Wenn ich in die Schule gehe, kommst du mit. Wir sitzen in der ersten Reihe.“

Antonia von Rosenstrauch

Von Gunter Preuß

Susi ist zur Geburtstagsfeier eingeladen. Tante Maja wird vierzig Jahre alt. So alt wird kein Mensch, denkt Susi. Aber ihre Tante anscheinend doch. Tante Maja ist eine Dame. Sie ist ganz vornehm und achtet sehr auf gutes Benehmen. Sie sagt zu Susi: „Sitz gerade, mein Kind." Kaum sitzt Susi gerade, sagt die Tante: „Schließe bitte den Mund beim Kauen." Susi presst den Mund zusammen. Aber schon verlangt die Tante: „Blas die Backen nicht so auf."

Susi springt auf. Sie hat genug vom Kaffeetrinken und vom guten Benehmen.

„Tante Maja, darf ich deinen ulkigen Hund ausführen?", fragt sie.

Die Tante bekommt einen roten Kopf. „Also hör mal. Meine Antonia von Rosenstrauch ist eine reinrassige Zwergpudelhündin! Sie gehört zum Hochadel der Pudelzucht!"

Die adelige Pudelhündin sitzt wehmütig auf dem Stuhl neben Tante Maja. Sie ist blütenweiß und frisch gepudert. Antonia von Rosenstrauch duftet nach französischem Parfüm. Sie trägt ein schwarzes Samthalsband. Ihre Haarkrone glitzert golden.

„Ist in Ordnung“, sagt Susi. „Antonia ist die Größte. Darf ich sie nun ausführen?“
Die Tante nickt gnädig. Sie reicht Susi eine rote Leine und sagt: „Und geh nur auf den sauberen Wegen. Meine Antonia ist gegen Schmutz sehr empfindlich.“
Tante Maja gibt Antonia einen Abschiedskuss. Endlich dürfen Susi und die Hündin die Wohnung verlassen.
Auf der Straße holt Susi tief Luft. So eine vornehme Tante ist schon ziemlich anstrengend.
Susi führt Antonia von Rosenstrauch durch das Wohnviertel. Die Wege sind pieksauber. Kein Problem. Und die Pudelhündin weicht tatsächlich jedem Staubkörnchen aus.
„Mensch, bist du gut erzogen“, sagt Susi. „Das ist ja langweilig. Komm, wir rennen mal.“
Anfangs muss Susi die Hündin an der Leine hinterherziehen. Aber bald bekommt Antonia Spaß am Rennen. Sie macht große Sprünge und beißt in die Leine. Plötzlich sind die beiden in einer Pfütze gelandet.
„Himmel!“, ruft Susi. „Jetzt sehen wir aber blöd aus!“
Aber weiter geht die wilde Jagd. Die Wege sind nun nicht mehr sauber. Im Park balgen die beiden sich in einem Laubberg. Dann geht es die nasse Rutschbahn hinunter. Und in einer großen Pfütze springen sie, dass es nach allen Seiten nur so spritzt.
„Hallihallo, das macht froh!“, ruft Susi und lacht.
„Wawawawa!“, bellt Antonia zustimmend.
Es wird bereits dunkel. Susi und Antonia rennen zur Wohnung zurück. Da bleibt die Pudelhündin ruckartig stehen und starrt auf einen Abfallhaufen.
„Pfui!“, ruft Susi.

Aber es ist schon zu spät. Antonia von Rosenstrauch hat sich auf den Rücken geworfen und wälzt sich voller Wonne im Dreck. Sie strampelt mit den Beinen und quiekt wie ein vergnügtes Ferkel.

Endlich springt Antonia wieder auf die Beine und schüttelt sich. Dann setzt sie sich vor Susi und hebt die Vorderpfote, als ob sie um Verzeihung für ihr schlechtes Benehmen bitten will.

„Passiert ist passiert“, sagt Susi. „Nun aber Tempo. Sonst reißt Tante Maja mir den Kopf ab.“

Als Tante Maja die beiden sieht, schlägt sie die Hände über dem Kopf zusammen. Zum ersten Mal ist sie sprachlos. Aber das hält nicht lange an. Dann stößt sie einen spitzen Schrei aus und schimpft los.

„Wie seht ihr denn aus! Antonia, mein Kind! Du musst ja dein gutes Benehmen völlig vergessen haben! So schmutzig! Und du stinkst ja wie ein ...!“

„Wie ein Schwein“, ergänzt Susi. „Aber uns geht es wunderbar.“

„Wawawawa!“, bestätigt Antonia von Rosenstrauch.

Den ganzen Abend ist Tante Maja damit beschäftigt, Antonia von Rosenstrauch wieder zur schönsten Pudelhündin der Welt zu machen. Antonia wird gebadet, geföhnt, gekämmt und gepudert. Ihre Haarkrone wird steilgebürstet, und sie wird von vorn und von hinten mit französischem Parfüm besprüht.

Nun sitzt Antonia von Rosenstrauch wieder blütenweiß auf ihrem Stuhl. Susi flüstert ihr zum Abschied zu: „Gehen wir wieder einmal zusammen spazieren?“

„Wawawawa!“, bellt Antonia leise. „Aber ja, bitte.“

Das Schwein beim Friseur

Von Erich Kästner

Schon seit Wochen hingen dem kleinen Berthold die Haare über den Kragen, und seine Mutter überlegte sich, wie sie ihn zum Friseur kriegen könnte. Sie sagte, er sähe wie ein Mädchen aus und lauter ähnlich kränkende Dinge. Aber Berthold, obwohl er sonst ziemlich brav war, schüttelte den Kopf und antwortete immer: „Wenn ich doch nicht mag!"

Ihm fehlte der Vater, denn der war früh gestorben. Und außerdem ließ sich der Junge lieber drei Backenzähne ziehen als einmal die Haare schneiden. Na ja, so war er eben.

Da kam der Mutter eine Idee. Sie versprach dem Jungen, sie wolle mit ihm zum „Friseur am Zoo" gehen. Damit war Berthold sofort einverstanden. Der Friseur am Zoo war nämlich etwas besonders Feines. Erst mussten sie durch den Herrensalon. Hier wurde mit Schlagsahne eingeseift und rasiert, und Berthold schimpfte innerlich, weil er noch keinen Bart hatte.

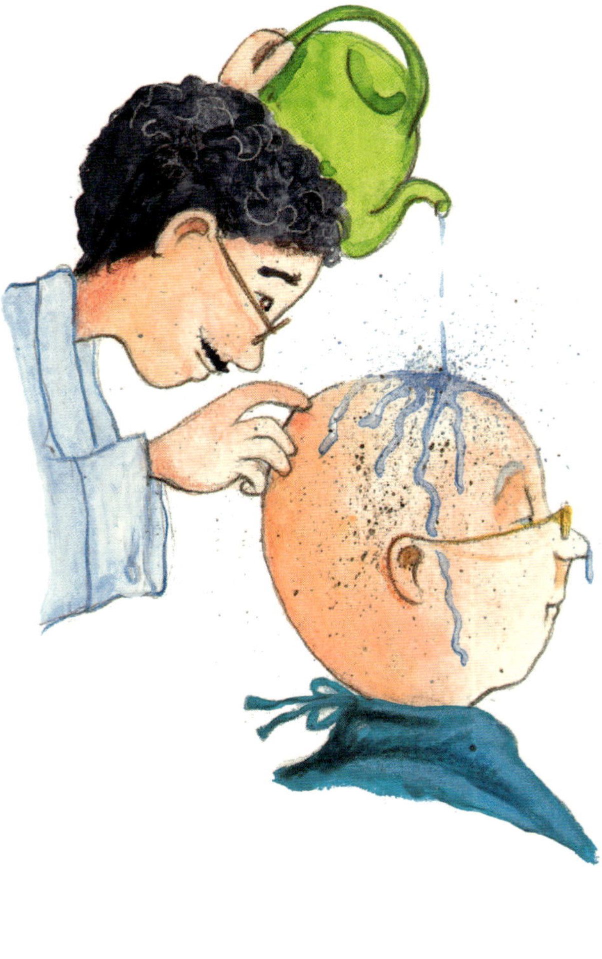

Dann war ein Herr da, der ärgerte sich über seine abstehenden Ohren. Und da ließ er sich mit Brennscheren, mit denen man sonst die Haare umlegt, seine Ohren so lange biegen, bis sie ordentlich und glatt am Kopf anlagen.

Einem alten Herrn, der eine große Glatze hatte, wurde Haarsamen auf die kahle Billardkugel gesät; dann kam ein Gehilfe mit einer Gießkanne, begoss den Kopf und schon krochen die ersten Haarspitzen aus dem Schädel. Berthold lachte und fragte, ob auch noch Blumen herauswüchsen. Da wurde der Herr böse. Und die Mutter zog den Jungen schnell fort.

Im Kinderzimmer vom Friseur am Zoo war es noch viel großartiger. Vor jedem Spiegel stand ein Tier, ein lebendiges, versteht sich, und da stiegen die Kinder in den Sattel und klopften den Tieren auf den Rücken, fütterten sie, kraulten sie hinter den Ohren und merkten so kaum, dass ihnen inzwischen ein Friseurgehilfe das Haar schnitt. Es gab da ein Pony, einen Esel, ein Schwein, einen Hirsch, einen jungen Elefanten, einen Bernhardinerhund und ein zahmes Einhorn.

Als Berthold kam, waren schon mehrere Kinder da, und nur das Schwein lag noch auf dem Teppich und grunzte. Es war auf Kinder nicht gut zu sprechen, weil die überallhin lieber wollten als auf ein Schwein. Berthold wollte auch nicht darauf, und das Schwein dachte bei sich: Dafür werde ich dich ärgern!

Kurz und gut, das Schwein wurde gesattelt, und Berthold musste hinaufklettern. Als er oben saß, kam auch schon der Friseur mit einer Schere und einem Kamm und fing an, die Haare auf der linken Seite wegzuschneiden. Plötzlich trat das Schwein von einem Bein aufs andere und verlangte: „Streichle mich!"

Aber der Junge schüttelte den Kopf. Dabei tat ihm die Schere des Friseurs weh. Er stieß versehentlich dem Schwein in die Flanken, und das begann sofort, wütend im Salon hin und her zu rennen.

Der Friseur setzte sich hinter dem Jungen auf den Schweinerücken und versuchte, im Haarschneiden fortzufahren. Das Schwein lief wie angestochen umher und machte

alle übrigen Tiere furchtbar nervös. Die schimpften sehr, und das Einhorn drehte sich um und kitzelte das Schwein mit dem Horn. Da quiekte das Schwein, rannte zur Tür hinaus, durch den Herrensalon, die Treppe hinunter und auf die Straße.
Könnt ihr euch vorstellen, wie das aussah? Ein Schwein mit einem Jungen auf dem Rücken, dem die linke Hälfte der Haare weggeschnitten war?
Es sah zum Schreien aus.
Die Straßenbahnen standen auf der Stelle still. Ein Autobus machte Männchen. Aber das Schwein rannte weiter. Schließlich fiel der Friseur herunter und blieb zwischen den Straßenbahnschienen sitzen. Berthold begann das Galoppieren Spaß zu machen. Doch plötzlich sauste das Schwein in eine Villa, die Treppen hoch, einen Gang entlang und, weil eine Tür offen stand, in ein Zimmer hinein. Dort blieb es stehen.
In dem Zimmer war ein Bett. Und in dem Bett lag ein Mädchen, das Bella hieß und sehr krank war. Es lag seit acht Tagen gleichgültig im Bett, mochte nichts essen und nichts reden, und Bellas Vater – die Mutter war tot – wusste, obwohl er selber Arzt war, absolut nicht, was der Kleinen fehlte.
Sie sah das Schwein im Zimmer stehen, einen Jungen obendrauf, dem man zur Hälfte die Haare geschnitten hatte und der aussah, wie Gänse aussehen, wenn's gedonnert hat, und da fing sie an zu lachen. Berthold lachte mit, und nun lachten die zwei Kinder, dass man es im ganzen Haus hörte! Verblüfft kam Bellas Vater aus dem Sprechzimmer gelaufen, sah seine Tochter vergnügt mit roten Backen und erkannte sofort: Jetzt ist sie wieder gesund. Dann klingelte Bertholds Mutter an der Haustür und fragte aufgeregt, ob hier ein Schwein und ein kleiner Junge eingetroffen seien. Nun war die Freude groß. Und später wurde Bertholds Mutter sogar die Frau von Bellas Vater, zog mit ihrem Jungen in die Villa, und Bella und Berthold wurden Geschwister, die einander sehr lieb hatten. Das Schwein kauften sie dem Friseur am Zoo ab, und es blieb bei ihnen, hatte es gut und wurde niemals geschlachtet.
Ob es wahr ist, dass auf diese Weise die Redensart entstanden ist: Na, die haben aber Schwein gehabt?

Der Seetiger

Von Terry Jones

Es war einmal ein Tiger, der erzählte die unglaublichsten Lügengeschichten. Egal, wie sehr er sich auch anstrengte, er konnte einfach nicht die Wahrheit sagen.

Einmal fragte ein Affe den Tiger, wo er hingehe. Der Tiger behauptete, er sei auf dem Weg zum Mond, wo er Tigerkäse versteckt habe, der seine Augen heller leuchten lasse als die Sonne; wenn er davon gegessen habe, könne er in der Nacht sehen. In Wirklichkeit legte er sich hinter einen Busch, um ein Schläfchen zu halten.

Ein anderes Mal lud die Schlange den Tiger zum Essen ein, aber der Tiger meinte, er könne nicht kommen, weil ein Mann ihn im Dschungel singen gehört und gebeten habe, am Nachmittag in die Stadt zu kommen und in der Oper aufzutreten.

„Oh!“, sagte die Schlange. „Würdest du mir was vorsingen, bevor du gehst?“

„Äh, nein“, sagte der Tiger. „Wenn ich vor dem Frühstück singe, verwandelt sich mein Schwanz in eine Wurst, und ich kann mich den ganzen Tag nicht vor Wurstfliegen retten.“

Eines Tages versammelten sich alle Tiere des Dschungels und beschlossen, dem Tiger seine unglaublichen Lügen auszutreiben. Sie schickten den Affen zu dem Zauberer, der in den schneebedeckten Bergen lebte. Der Affe kletterte sieben Tage und sieben Nächte hoch und immer höher, bis er endlich die Höhle im Schnee erreichte, in der der Zauberer wohnte.

Am Eingang der Höhle rief er: „Alter Zauberer, bist du da?“

Und eine Stimme antwortete: „Komm herein, Affe, ich habe dich schon erwartet.“

Der Affe betrat die Höhle. Der Zauberer war gerade dabei, seine Zaubersprüche zu üben, und der Affe erzählte ihm, dass die Tiere des Dschungels den Tiger von seinen unglaublichen Lügengeschichten kurieren wollten.

„Gut“, sagte der Zauberer. „Nimm diesen Trank und gieße ihn dem Tiger in die Ohren, wenn er schläft.“

„Und was passiert dann, Zauberer?“, wollte der Affe wissen.

Der Zauberer lächelte: „Glaub mir, wenn du ihm das gegeben hast, wird der Tiger nur noch die Wahrheit sagen.“ Der Affe nahm das Fläschchen, ging zurück in den Dschungel und erzählte den anderen Tieren vom Rat des Zauberers.

Als der Tiger das nächste Mal sein übliches Nickerchen hinter dem Busch hielt, bildeten die anderen Tiere einen Kreis um ihn. Dann kroch der Affe ganz leise zu ihm und goss

vorsichtig etwas von der Flüssigkeit zuerst in das eine und dann in das andere Ohr des Tigers. Dann lief er zurück zu den anderen Tieren, und alle riefen ganz laut: „Tiger! Tiger! Wach auf, Tiger!“

Nach einiger Zeit klappte der Tiger zuerst das eine Auge auf und dann das andere. Er war ein wenig überrascht, dass alle Tiere des Dschungels im Kreis um ihn herumstanden.

„Hast du geschlafen?“, fragte der Löwe.

„Oh nein“, sagte der Tiger. „Ich habe nur hier gelegen und meine nächste Expedition auf den Meeresboden geplant.“

Als die anderen Tiere das hörten, schüttelten sie den Kopf. „Der Zauber hat nichts genutzt. Tiger erzählt uns genauso faustdicke Lügen wie vorher!“

Plötzlich sprang der Tiger auf und raste mit großen Sätzen durch den Dschungel. „Aber es ist wahr!“, rief er und war selbst überrascht.

„Was machst du, Tiger?“, wollten die Tiere wissen.
„Ich fliege dorthin!“, rief er, und dann reckte er tatsächlich die Beine und erhob sich in die Luft, hoch über die Bäume und die Wipfel des Dschungels.
Nun, wenn es etwas gibt, was Tiger überhaupt nicht mögen, dann ist es Höhe. Deshalb zeterte der Tiger: „Hilfe! Ich fliege! Holt mich runter!“
Aber er flog weiter und weiter, bis der Dschungel tief hinter ihm lag, und er flog über die schneebedeckten Berge, wo der Zauberer wohnte. Der Zauberer schaute hoch, als der Tiger über ihn hinwegflog und lächelte: „Ha, alter Tiger. Von jetzt an wirst du immer die Wahrheit sagen. Denn alles, was du sagst, wird wahr – auch wenn es das vorher nicht war!“
Und der Tiger flog und flog, und es wurde immer kälter und kälter, und wenn es etwas gibt, was Tiger noch mehr hassen als Höhe, dann ist das Kälte.
Schließlich flog er übers Meer und fiel plötzlich wie ein Stein, bis er – platsch – mitten im Ozean landete.
Nun, wenn es etwas gibt, was Tiger noch mehr hassen als Höhe und Kälte, dann ist es das Wasser.
„Bääääähhhh!“, brüllte der Tiger, aber er sank tiefer und tiefer, bis auf den Grund des Meeres, und alle Fische schwammen herbei und starrten ihn an, bis er sie mit seinem Schwanz verjagte. Dann schaute er hoch und sah, wie ganz weit über ihm die Wellen tanzten. Er schwamm aufwärts, und gerade als ihm die Luft ausgehen wollte, erreichte er die Wasseroberfläche. Er strampelte wie wild und plantschte und versuchte, an Land zu schwimmen.
Da kam ein Fischerboot vorbei, und die Fischer starrten verblüfft den Tiger an, der dort mitten im Ozean herumplantschte. Dann grinste einer, deutete auf den Tiger und rief: „Guckt mal! Ein Seetiger!“
Und alle lachten und zeigten auf den Tiger, und wenn es etwas gibt, was Tiger noch mehr hassen als die Höhe, die Kälte und das Wasser, dann ist das Ausgelachtwerden.
Der arme Tiger paddelte davon, so schnell er konnte, aber bis zur Küste war es weit, und schließlich warfen die Fischer ein Netz über ihn und hievten ihn ins Boot. „Haha“, lachten sie. „Wenn wir diesem Tiger beibringen, Kunststücke im Zirkus vorzuführen, können wir ein Vermögen verdienen!“
Das machte den Tiger wirklich ganz außerordentlich wütend, denn wenn es etwas gibt, was Tiger noch mehr hassen als die Höhe, die Kälte, das Wasser und Ausgelachtwerden, dann ist das, im Zirkus Kunststücke vorzuführen.
Sowie sie an Land kamen, zeriss er das Netz, sprang aus dem Boot und lief nach Hause in den Wald, so schnell seine Beine ihn trugen.
Und er erzählte keine Lügen mehr, wirklich nie wieder.

Katze und Hund

Von Regine Schindler

Ich habe es gut“, sagte die Katze zum Hund. „Ich darf auf dem Bett meines Herrn schlafen, am Fußende.“

Der Hund wurde neidisch. Er durfte nie ins Schlafzimmer von Herrchen und Frauchen. Aber er sagte: „Natürlich darf ich auch auf dem Bett von Frauchen schlafen, sogar neben dem Kopfkissen.“

„Ich bekomme jeden Tag zweimal frische Milch“, sagte dann der Hund zur Katze. „Wunderbar frische Milch!“

Die Katze wurde neidisch. Sie bekam nur Wasser zu trinken. Aber sie sagte: „Natürlich bekomme ich auch immer frische Milch, sonntags sogar Sahne.“

Der Hund wurde still und neidisch. Er war mager. Er hatte ein abgeschabtes Fell. Aber er sagte: „Alle streicheln mich, darum ist mein Pelz so weich.“

Die Katze schaute den Hund von der Seite an. Sie wurde seit langem nicht mehr gestreichelt. Niemand hatte Zeit. Aber sie sagte: „Mein Frauchen kratzt mich hinter den Ohren, mein Herrchen streichelt mich jeden Tag, wenn es nach Hause kommt.“

Der Hund hatte gut zugehört. Ja, er war sehr neidisch. Und er sagte: „Liebe Katze: Lass uns doch für einen einzigen Tag tauschen. Du gehst zu meinen Herrschaften, ich gehe zu deinen. Ich bin neugierig. So gerne möchte ich wissen, wie eine Katze gestreichelt wird.“

So tauschten sie ihren Platz.

Als die Herrschaften des Hundes abends nach Hause kamen, lag eine Katze neben ihrem Kopfkissen. Sie schrien entsetzt auf. Neben dem Kopfkissen! Sie schüttelten sich vor Ekel. Sie packten die Katze und stellten sie vor die Haustür. – Als der Hund abends wieder zurückkehrte, waren sie so glücklich, dass sie ihm erlaubten, unten auf dem Bett zu schlafen. Sie gaben ihm frische Milch, und Frauchen streichelte sein altes, abgeschabtes Fell. Sie streichelte es zum ersten Mal seit vielen Jahren.

Als die Herrschaften der Katze abends nach Hause kamen, fanden sie einen Hund in der Küche. Er hatte die ganze Sahne, die für die Gäste am Abend bestimmt war, vom Küchentisch gekippt und aufgeleckt. Es ist die Sonntagssahne

der Katze, hatte der Hund gedacht. Jetzt, wo wir tauschen, ist sie für mich bestimmt. Satt und zufrieden schlief er ein.
Die Herrschaften verprügelten ihn. Sie stießen ihn aus dem Haus. Sie waren froh, dass bald ihre Katze wieder da war. „Eine Katze ist doch besser als ein Hund", sagten sie. Sie gaben ihrer Katze frische Milch. Und sonntags ließen sie sie sogar auf dem Fußende des Bettes schlafen.
Hund und Katze aber trafen sich wieder im Garten.
„Du hast geflunkert, ganz doll geflunkert", sagte die Katze.
„Und du, liebe Katze – die Geschichte mit der Sahne, das war reine Flunkerei! Die Sahne war für die Gäste bestimmt."
Und jetzt hätten sie gelacht, Hund und Katze, wenn Hunde und Katzen lachen könnten. Aber das konnten sie nicht. Die Katze schnurrte. Der Hund knurrte. Die Katze miaute. Der Hund bellte. Und sie sagten zueinander: „Zum Glück haben wir geflunkert. Jetzt geht es uns beiden besser!"
Und beide waren zufrieden. Sie bekamen Milch, sie wurden gestreichelt. Sie durften im Zimmer der Herrschaften schlafen – die Sahne aber und der Platz neben dem Kopfkissen, das war nichts für die Wirklichkeit. Das blieb Flunkerei!

Dann rufen alle Hoppelpopp

Von Mira Lobe

Sie waren fünf Kaninchenkinder und hießen: Kanikl, Könikl, Kinikl, Kaunikl und Kunikl.

Kanikl hatte braunes Fell. Könikl hatte rotes Fell. Kinikl war blond. Kaunikel war grau. Und Kunikl hatte dunkle Tupfen im Fell.

Alle fünf waren gleich alt. Ihre Ohren waren gleich lang. Ihre Schwänze waren gleich kurz. Ihre Nasen konnten schnuppern und wittern; ihre Bärte konnten tasten und zittern; ihre Zähne konnten nibbeln und nagen; und alle fünf konnten Purzelbaum schlagen.

Kanikl, Könikl, Kinikl, Kaunikl und Kunikl wohnten im Kaninchenbau unter der Erde. Wenn es oben regnete, dann hatten sie es dort unten warm und gemütlich. Sie spielten zusammen zwischen den Wurzeln: Kullern und Kugeln und Rutschen und Purzeln. Und wenn sie müde waren, dann kuschelten sie sich eng zusammen und schliefen. Von Kanikl guckte ein braunes Ohr heraus. Von Könikl ein rotes. Von Kinikl guckte eine blonde Pfote heraus. Von Kaunikl eine graue. Und wenn Kunikl schlecht träumte, dann weckten ihn die anderen und verscheuchten den Traum.

Noch schöner war es, wenn die Sonne schien. Dann spielten sie draußen. Sie spielten: Über-die-Wiese-Hüpfen. Sie spielten: Unter-die-Blätter-Schlüpfen. Sie spielten: Der Fuchs kommt! – und was man da macht! Oder: Hallo! Ein Bussard! Nehmt euch in Acht!

Eines Tages kam ein Fremder. Er war groß und hatte einen prächtigen Schnurrbart.

„Ich heiße Hoppelpopp", sagte der Fremde.

„Wir heißen Kanikl, Könikl, Kinikl, Kaunikl und Kunikl", sagten die Kaninchenkinder.

Hoppelpopp rieb seine große Nase an den fünf kleinen Nasen. So begrüßen sich die Kaninchen.

„Ihr spielt wohl gerade?", fragte Hoppelpopp. „Wer ist denn der Tüchtigste von euch?"

Die fünf Kaninchenkinder schüttelten verwundert die Ohren. „Der Tüchtigste? Was ist das: der Tüchtigste?"

„Ich erkläre es euch", sagte Hoppelpopp. „Wer am schnellsten ist, wer am stärksten ist, wer am schlauesten ist, wer am mutigsten ist: Der ist der Tüchtigste."

Die fünf Kaninchenkinder schauten einander an.

„Wir sind alle gleich schnell!", sagte Kanikl.

„Wir sind alle gleich stark!", sagte Könikl.

„Und alle gleich schlau!", sagte Kinikl.

„Und alle gleich mutig!", sagte Kaunikl.

„Das gibt es nicht", sagte Hoppelpopp.

„Doch!", sagte Kunikl. „Wir sind überhaupt alle ganz gleich!"

„Das glaube ich nicht", sagte Hoppelpopp. „Gebt Acht! Ihr macht jetzt einen Wettkampf. Ihr lauft den Hügel hinunter, um die Hecke herum und wieder zurück. Achtung! Los!"

Die fünf Kaninchen sausten los.
„Du bist der Schnellste!“, sagte Hoppelpopp.
Kanikl war stolz. „Ich bin der Schnellste“, sagte er zu den anderen. „Ich bin besser als ihr.“
„Spiel dich nicht auf“, sagte Könikl und gab ihm einen Schubs. Kanikl schubste zurück – und schon rauften alle fünf. Sie kratzten und bissen und schlugen mit den Pfoten. Bis Kanikl, Kinikl, Kaunikl und Kunikl genug davon hatten. Nur Könikl wollte immer weiterraufen.
„Du bist der Stärkste!“, sagte Hoppelpopp.
Könikl war stolz. „Ich bin der Stärkste“, sagte er zu den anderen. „Ich bin besser als ihr.“
„Und jetzt der Schlaueste!“, sagte Hoppelpopp. Er führte die fünf Kaninchenkinder zu einem Gitterzaun. Dahinter war ein Gemüsegarten. „Wer holt mir ein Salatblatt heraus?“, fragte Hoppelpopp.
Kinikl schaffte es als Einziger. Er scharrte ein Loch, schlüpfte unter dem Gitter durch und brachte das Salatblatt.
„Du bist der Schlaueste!“, sagte Hoppelpopp.
Kinikl war stolz. Er durfte das Salatblatt auffressen und sagte mit vollem Maul: „Ich bin der Schlaueste. Ich bin besser als ihr.“
„Und jetzt der Mutigste!“, sagte Hoppelpopp. Er führte sie zum Bach, stieg hinein und schwamm hinüber. „Wer macht es mir nach?“, rief er von drüben.
Keiner wollte es nachmachen.
Hoppelpopp legte eine Karotte ins Gras. „Wer holt sie sich?“, rief er.
Kaunikl steckte eine Vorderpfote ins Wasser und zog sie heraus. Er steckte die zweite Vorderpfote ins Wasser und zog sie heraus. Er steckte beide Vorderpfoten und beide Hinterpfoten ins Wasser und schwamm durch den Bach.
„Du bist der Mutigste!“, sagte Hoppelpopp.
Kaunikl knabberte an seiner Karotte und war stolz. „Ich bin der Mutigste!“, rief er den anderen zu. „Ich bin besser als ihr.“
Von diesem Tag an war alles anders.
Sie spielten nicht mehr zusammen.
Sie fraßen nicht mehr zusammen.
Sie schliefen nicht mehr zusammen.
Jeder blieb für sich allein.
„Wollen wir rennen?“ fragte Kunikl.
„Ich renne nicht mit euch“, sagte Kanikl. „Ich bin der Schnellste und ihr seid mir zu langsam.“
„Wollen wir raufen?“, fragte Kunikl.
„Ich raufe nicht mit euch“, sagte Könikl, „ich bin der Stärkste und ihr seid mir zu schwach.“
Kinikl sagte: „Ich rede nicht mehr mit euch. Ich bin der Schlaueste und ihr seid mir zu dumm.“
Und Kaunikl sagte: „Ich bin der Mutigste und ihr seid mir zu feig.“
Hoppelpopp strich sich zufrieden den Bart.
„Jetzt haben wir also den Schnellsten, den Stärksten, den Schlauesten, den Mutigsten.

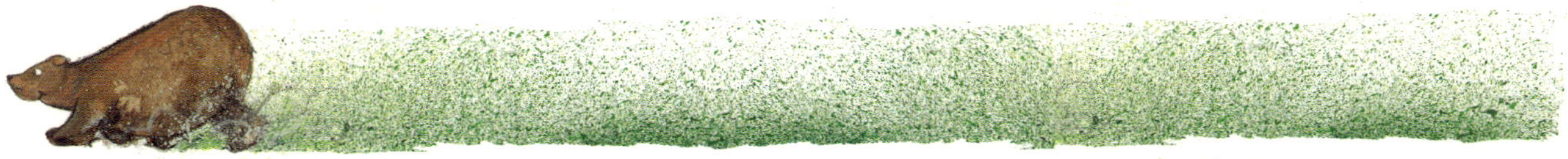

Lauter tüchtige Kaninchenkinder."
„Und was bin ich?", fragte Kunikl.
„Du? Du bist gar nichts!", sagten die tüchtigen Kaninchenkinder.
Kunikl saß auf der Wiese und weinte. Er ließ beide Ohren hängen. Keiner kümmerte sich mehr um ihn.
Plötzlich stellte Kunikl beide Ohren auf. Kam da nicht jemand? Kunikl schnupperte. Der da kam, roch nicht nach Kaninchen. Er roch nach Feind.
Kunikl trommelte mit der Hinterpfote auf den Boden. Das heißt in der Kaninchensprache: Achtung! Gefahr!
Kanikl, Könikl, Kinikl und Kaunikl kamen angerannt.
„Was ist los?"
„Ein Dachs!", flüsterte Kunikl. „Da ist er schon."
Alle liefen davon. Alle gleich schnell. Zehn Paar Pfoten rannten dicht nebeneinander. Fünf Paar Ohren und fünf Schnurrbärte wehten im Wind. Der Dachs kam hinter ihnen her.
„Ob er uns einholt?", fragte Kanikl.
„Ich weiß was!", rief Kunikl. „Wir laufen zurück und vertreiben ihn."
Die anderen staunten. „Bist du aber tapfer", sagten sie.
„Bin ich tapfer?", fragte Kunikl. „Ich trau mich nur, weil wir alle wieder zusammen sind."
Da drehten sie sich um und liefen zurück. Der Dachs machte kehrt und wackelte davon.
Kanikl, Könikl, Kinikl, Kaunikl und Kunikl rannten nach Hause. Sie waren alle gleich stolz und gleich aufgeregt.
„Ein Dachs hat uns gejagt!", riefen sie. „Zuerst sind wir davongelaufen – und dann haben wir ihn vertrieben."
Hoppelpopp strich sich den prächtigen Schnurrbart.
„Soso, ein Dachs. Sehr tüchtig! Und wer war der Tüchtigste?"
„Wir waren alle gleich tüchtig!", sagten die fünf Kaninchenkinder.
„Das gibt es nicht!", sagte Hoppelpopp.
„Doch, das gibt es!", riefen Kanikl, Könikl, Kinikl, Kaunikl und Kunikl. „Und jetzt sind wir alle gleich müde."
Sie drehten ihm die Schwänze zu und schlüpften in ihre Schlafhöhle. Dort kuschelten sie sich eng zusammen wie früher.
Als sie aufwachten, war Hoppelpopp fort. Kanikl, Könikl, Kinikl, Kaunikl und Kunikl spielten wieder zusammen auf der Wiese. Sie rollen von den Hügeln, sie rascheln im Laub. Sie teilen jede Rübe, jedes Krautblatt, jedes Maul voll Klee. Sie spielen: Der Fuchs kommt! – und was man da macht! Oder: Hallo! Ein Bussard! Nehmt euch in Acht!
Aber wenn einer sagt: „Ich bin besser als ihr!" – dann rufen alle „Hoppelpopp!"

Das stärkste Tier der Welt

Von Ulrike Sauerhöfer

Im großen Märchenwald bei Fabelhausen hinter dem Wundergebirge lebten vor langer Zeit viele Tiere friedlich beieinander.
Da gab es Tiger und Elefanten, Einhörner und Drachen, Maulwürfe, allerlei Krabbeltiere, seltene Vogelarten und noch vieles mehr. Der Wald war sehr groß, darum hatte jedes Tier genug Platz.

Im Wald wuchs auch sehr viel, deshalb hatte jedes der Tiere immer genug zu essen. Ein Bächlein und ein richtiger See mitten im Märchenwald sorgten dafür, dass alle Tiere immer ausreichend zu trinken hatten.

Kurzum: Alle führten ein herrliches, sorgloses Leben.

Das hätte auch so bleiben können, wäre nicht einem Bären eines Tages eine dumme Idee gekommen.

„Wir brauchen einen Anführer", dachte er bei sich, „einen König! Schließlich hat jedes Land einen, warum also nicht auch wir?"

Kurzerhand berief er eine große Tierversammlung ein, und das ging so:

Eine kleine Schwalbe brachte die Nachricht allen Tieren über der Erde, ein besonders flinker Regenwurm allen Tieren unter der Erde.

Das allein dauerte 22 Tage.

Schließlich aber wussten alle Bescheid und versammelten sich an der alten Eiche, sie war dreißig Meter hoch und tausenddreiundfünfzig Jahre alt.

Das war ein Gewimmel und Gezwitscher, ein Gesumm und Gebrumm!

Endlich erhob sich der Bär, und als Ruhe war, sprach er mit lauter Stimme: „Ich grüße euch, ihr lieben Tiere. Danke, dass ihr alle gekommen seid. Und ich will auch nicht lange um den heißen Brei herumreden: Ich glaube fest, dass wir einen König brauchen! Einen, der uns anführt und beschützt!"

Die Tiere waren sehr aufgeregt und wieder gab es ein heilloses Durcheinander.

„Ruhe!", trompetete schließlich ein Elefant. „Ruhe, sagte ich!" Und zum Bären gewandt, meinte er: „Die Idee ist gut, wirklich gut. Aber sag doch: Wer soll denn unser König sein?"

„Ich habe lange darüber nachgedacht", antwortete der Bär, „und bin zu folgendem Schluss gekommen: Der Stärkste unter uns soll der König sein!"

„Und wer ist der Stärkste, bitte sehr?", fragte die kluge Eule.

„Das müssen wir in einem Wettkampf herausfinden", antwortete der Bär, „also, jeder, der glaubt, der Stärkste zu sein, soll hervortreten und den Beweis erbringen! Dann werden wir ja sehen, wer der Stärkste ist."

Insgeheim hielt sich natürlich der Bär für den Stärksten und hoffte, König zu werden. Er hatte sogar heimlich ein wenig trainiert.

Es traten einige Tiere vor: Der Tiger natürlich, mit stolz erhobenem Kopf, ein schneeweißes Einhorn, ein großer, grauer Elefant, der Drache, der die größte Höhle im ganzen Wald hatte, und am Schluss der Bär. Dann begann der Wettkampf:

Als Erstes trat der Tiger heran. Er packte mit jeder Tatze einen großen Felsbrocken und bat zudem noch zwanzig Tauben, rechts und links auf seinen Schultern Platz zu nehmen.

Unter Ächzen und Stöhnen stemmte er dies alles in die Höhe.

„Bravo! Bravo!", schrien die Tiere begeistert.
Als Zweites kam das Einhorn. Es nahm großen Anlauf, rammte dann sein Einhorn in die Erde und zog so blitzschnell eine tiefe Schneise rund um die Tiere.
„Das Einhorn ist noch besser!", brüllten die anderen Tiere. „Noch besser als der Tiger!"
„Moment", raunzte der Elefant. Mit seinem Rüssel umfasste er einen dicken Baumstamm, warf ihn hoch in die Luft und fing ihn anschließend wieder auf.
„Unglaublich!", riefen die Tiere. „Der wird sicher unser König!"
Schließlich trat der Drache heran und blies die Backen auf. Alles war sofort mucksmäuschenstill. Dann spie er einen Feuerschweif in den Himmel.
„Hilfe!", schrien die Tiere. „Etwas Schrecklicheres und Stärkeres haben wir noch nie gesehen!"
Als Letzter kam der Bär. Er packte den Drachen, hob ihn in die Luft und ließ ihn ganz plötzlich fallen. Er landete unsanft auf seinem Popo, was ein kleines Erdbeben verursachte.
„Bravo! Bravo!", brüllten die Tiere. „Der Bär ist der Stärkste! Er soll unser König werden."
Geschmeichelt ließ sich der Bär von allen Seiten bewundern.
Da vernahmen die Tiere plötzlich ein zartes Stimmchen: „Hallo. Ihr habt mich vergessen. Ich war noch nicht dran!"
Als die Tiere sich umdrehten, erblickten sie eine Wespe, die aufgeregt vor ihnen hin- und herflog.
„Nun gut, kleine Freundin", brummte der Bär großzügig, „dann zeig uns mal, was du kannst."
Und er schmunzelte sehr überheblich dabei.
Die kleine Wespe nahm einen kurzen Anlauf und dann stach sie nacheinander den Tiger, das Einhorn, den Elefanten, den Drachen und am Schluss den Bären, mitten auf die Nase!
Alle brüllten vor Schmerz auf, rollten sich am Boden und hielten sich laut heulend ihre Nasen!
„Die Wespe ist die Stärkste, sie hat alle besiegt", sagte ein kleiner Käfer.
Und da riefen auf einmal alle Tiere durcheinander: „Jawohl! Die Wespe ist die Stärkste! Sie muss unsere Königin werden!"
„Ich will aber nicht", antwortete die Wespe. „Erstens brauchen wir keinen Anführer. Wir haben nämlich auch ohne König bisher sehr gut gelebt. Und zweitens gibt es auf der ganzen Welt keine Krone, die mir passen würde!"
Und dann flog sie davon.
Die Tiere aber lebten weiterhin glücklich und zufrieden miteinander.
Nur der Bär war beleidigt und zog weg.
Wohin? Ich weiß es nicht. Ich habe aber noch nie von irgendeinem Bären gehört, der König geworden ist!

Bärenzirkus Zampano

Von Janosch

Einmal kam ein alter, roter Lastwagen über den Hügel gefahren. Fuhr auf der Landstraße, fuhr über den Hügel und kam in unser Dorf. Ein Mann stieg aus. Trug eine Gala-Uniform wie ein Löwenbändiger, hob die Plane vom Lastwagen, und auf dem Lastwagen war ein Käfig. In dem Käfig war ein Bär. Der Mann hängte ein Schild an den Käfig, darauf stand: „Bärenzirkus Zampano“.

Und dann rief er: „Morgen, meine Herrschaften, findet eine Vorstellung statt, weil der Bär Kunststücke vorführen wird und tanzen kann. Ich werde ihn besiegen. Eintritt einsfünfzig auf allen Plätzen. Der starke Zampano bin ich.“

Am nächsten Tag hatte er eine Kiste aufgestellt, das war die Kasse. Er hatte einen Kreis in den Sand gezeichnet, das war die Manege. Dann holte er den Bären aus dem Käfig und führte ihn an einem Strick in den Kreis.

Er kommandierte: „Zuerst verbeuge dich vor den Herrschaften und vor mir! Na los!“ Und drückte dem Bären den Kopf mit der Peitsche nach unten, der Bär wehrte sich nicht.

Wir dachten: „Der Mann muss aber sehr stark sein, wenn der Bär ihm gehorcht.“

Dann musste der Bär über eine Tonne springen. Der Mann warf die Peitsche weg, und der Bär musste sie holen. Er musste Handstand machen und doppelten Salto vorwärts und rückwärts. Er musste auf der Tonne rollen wie ein Akrobat. Und der Bär tat es, ohne sich zu wehren. Dann ließ er ihn auf der Wiese marschieren und eine Trommel schlagen. Wie ein Hanswurst. Er musste auf einem hochgefährlichen Seil balancieren, und als

der Mann auf einer Klarinette spielte, musste der Bär tanzen. Aus dem Kreis hinaus und auf dem Feld. Und dann musste er sich wieder verbeugen, der Mann stellte ihm den Fuß mit dem Stiefel auf den Kopf und rief: „Besiegt! Ich habe den Bären besiegt."

Wir dachten schon: „Der Mann muss wohl sehr, sehr stark sein, weil der Bär sich nicht wehrt."

Aber dann geschah etwas! Eine Fliege kam geflogen und wollte den Bären kitzeln. Der Bär wollte sie verjagen, wollte die Pfote heben, da zerrte der dicke Zampano am Seil und schrie: „Nein! Halt! Du bewegst dich nicht, hast du verstanden?" Aber der Bär bewegte sich doch. Er schlug mit der Pfote nach der Fliege, das Seil ruckte, und der dicke Zampano flog quer durch die Luft. Und als die Kitzelfliege dem Bären um die Nase kreiste, jagte der Bär im Kreis hinter ihr her, und der Mann an dem Seil flog im Kreis durch die Luft.

Wir dachten: „Er könnte das Seil doch loslassen." Aber das war genau falsch,

denn als es riss, flog er noch höher hinauf. Kreiste oben in der Luft herum, flog über unser Dorf und verschwand dann in der Ferne.

Der Bär jagte noch eine Weile die Fliege, und dann ging er weg. Ging über die Wiesen und verschwand im Wald.

Der Mann kam nicht wieder. Manchmal flog er noch über unserem Dorf vorbei, und tut es heute noch. Der rote Lastwagen ist mit der Zeit verrostet, aus dem Käfig haben wir einen Hühnerstall gemacht, und was aus dem Bären wurde, wissen wir auch nicht ganz genau.

Ein alter Mann, der hinter dem Wald wohnt und einmal in unser Dorf kam, erzählte von einem besonders großen und starken Bären, der dort, wo der Wald am tiefsten ist, leben soll, sich die Sonne auf die Pfoten scheinen lässt – aber man geht ihm besser aus dem Weg.

Manchmal kommen Fremde in unsere Gegend und fragen, was das für ein seltsamer Mann sei, der da oben am Himmel über unserem Dorf herumfliegt. Dann erzählen wir ihnen die Geschichte vom dicken Zampano, der dachte, wer sich nicht wehrt, ist schwach. Der dachte, er könne einen Bären besiegen und mit einem roten Lastwagen durch das Land fahren. Und Zirkus machen.

Die Geschichte ist wahr.

Salambos Kinder

Von Cornelia Funke

Oma rief an, als Luisa an den Schularbeiten saß.

Luisa hielt den Hörer ein Stück von ihrem Ohr weg, weil Oma immer ins Telefon brüllte.

„Beeil dich, Süße!", rief Oma. „Sie kommen!"

Da ließ Luisa den Hörer fallen und rannte los. Ohne den Füller zuzumachen, ohne sich die Jacke anzuziehen.

„Sie kommen!", rief sie Mama zu, sprang in großen Sätzen die Treppe runter, schnappte sich ihr Fahrrad und raste davon. Völlig atemlos kam sie vor Omas Gartentor an.

Der Stall lag am Ende des Gartens, unter den hohen Holunderbüschen. Leise öffnete Luisa die Tür und schlich hinein.

Im Stall war alles anders als sonst. Ein Absperrgitter teilte die hintere Hälfte ab. In ihr drängten sich Omas wunderschöne Hennen. Furchtbar aufgeregt waren sie, hackten gegen den Draht, scharrten mit den Krallen im Stroh und gackerten so zornig, wie Luisa sie noch nie gehört hatte.

„Sie sind eifersüchtig", sagte Oma, die neben der Tür im Stroh saß. Lächelnd zog sie Luisa zu sich auf den Schoß. Das tat sie immer, obwohl Luisa schon so groß war, dass sie ihr bis zum Busen reichte.

„Da guck!" Oma zeigte auf ein Holznest, das im Stroh kaum zu erkennen war. Eine braune Henne saß darin, getrennt von allen andern. Es war Salambo, Luisas Lieblingshenne.

„Ist schon eins da?", flüsterte Luisa.

Oma nickte und ging vorsichtig auf das

Nest zu. Beruhigend streichelte sie Salambo die braunen Federn. Dann griff sie ins Nest und hob behutsam ein kleines zwitscherndes Etwas heraus.
Luisa hielt die Luft an.
Oma setzte ihr das Küken vorsichtig in die Hand. „Leg deine andere Hand wie eine Decke drüber. Du wirst sehen, dann wird es ganz ruhig.“
Luisa hatte immer geglaubt, alle Küken seien gelb, aber dies hier war braun gesprenkelt. Hektisch pickte es mit seinem winzigen Schnabel an Luisas Fingern, aber als sie ihre Hand über seine Flügelchen legte, wurde es ganz still – wie Oma gesagt hatte.
Wunderwunderschön fühlte das Küken sich an. Leicht und weich, als bestünde es nur aus Federn. Ein ganz bisschen feucht waren die Federn noch. Die Füßchen kitzelten Luisas Hand.
Sie lugte durch ihre Finger. Wie in einer Höhle saß das kleine Ding da und kuschelte sich in ihre Handfläche. Oma ging zurück zum Nest, streichelte Salambo und sah nach den übrigen Eiern. „Na bitte“, sagte sie. „Da sind noch zwei geschlüpft. Ein geschecktes und ein weißes. Mal sehen, wer im letzten Ei steckt.“

Eins nach dem anderen hob Oma die Küken aus dem Nest und setzte sie ins Stroh. Wie aufgezogen fingen sie an herumzutrippeln, piepsten und pickten, als wären sie schon seit vielen, vielen Tagen auf der Welt.
Die anderen Hennen starrten durch das Absperrgitter, als wollten sie die Küken auffressen. Immer wieder hackten sie gegen den Draht, scharrten und gackerten. Manche versuchten sogar, ihre Köpfe durch die engen Maschen zu zwängen. Zwei kletterten die Leiter zu den Nestern hinauf, hüpften in die Holzkästen und rollten mit den Kalkeiern, die Oma immer hineintat, damit die Hennen ihre Eier dazulegten. Beunruhigt sah Luisa zu ihnen rüber.

„Tja. Können einem fast leidtun, die Ärmsten“, seufzte Oma. „Sie hätten auch gern Küken, weißt du? Aber daraus wird nichts, ihr Lieben.“

Luisas Oma hatte nämlich keinen Hahn. Die Eier, die Salambo ausbrütete, hatte sie von einem Bauernhof geholt. Für Luisa. Damit sie sehen konnte, wie Küken schlüpfen.

„Lass deins jetzt auch ein bisschen laufen“, sagte Oma.

Vorsichtig setzte Luisa das Küken auf den Boden. Sobald sie die Hand wegnahm flitzte es los. Piepsend und pickend.

Das letzte Küken schlüpfte eine halbe Stunde später. Es war pechschwarz.

Oma stellte Kükenfutter hin. Dann versorgte sie Salambo mit Wasser und Futter und setzte sie zu ihren Kindern ins Stroh. Richtig wackelig war die Henne noch auf den Beinen. Schließlich hatte sie wochenlang auf den Eiern gehockt. Nur zum Fressen war sie aus dem Nest geklettert und auch das oft nur, wenn Oma sie heraushob.

Als es draußen dunkel wurde, krochen die Küken unter Salambos Gefieder, bis nur noch vier kleine Köpfchen herausguckten. Luisa hätte stundenlang dasitzen und sie nur anschauen können. Aber Oma sagte, dass Salambo und ihre Kinder jetzt ein bisschen Ruhe brauchten. Die anderen Hennen hatten sich beruhigt und saßen leise gackernd auf ihren Stangen, die Köpfe im Gefieder. Da schlichen Oma und Luisa sich aus dem Stall.

„Kann ich morgen wiederkommen?“, fragte Luisa. „Gleich nach der Schule?“

„Sicher“, sagte Oma. „Du musst den Kleinen doch Namen geben.“

Und das tat Luisa. Das gescheckte Küken, das in ihrer Hand gesessen hatte, nannte sie Mia, das weiße Wölkchen, das schwarze Pips und das vierte Sophie, weil so ihre beste Freundin hieß.

Pu der Bär macht einen Besuch

Von Alexander A. Milne

Eduard Bär, seinen Freunden auch als Winnie-der-Pu bekannt, oder einfach Pu, ging eines Tages durch den Wald und summte stolz vor sich hin.

Er hatte an jenem Morgen ein kleines Gesumm erdacht, während er vor dem Spiegel seine Kraftübungen machte: „Tra-la-la, tra-la-la“, und er reckte sich, so hoch er konnte, und dann „Tra-la-la, tra-la – Oh! Hilfe! – la“, als er versuchte, seine Zehen zu erreichen.

Nach dem Frühstück hatte er es sich immer wieder aufgesagt, bis er es auswendig konnte, und jetzt summte er es vollständig und fehlerfrei von vorne bis hinten durch. Es ging so:

„Tra-la-la, tra-la-la,
Tra-la-la, tra-la-la,
Rum-tum-tiedel-um-tum,
Tiedel-diedel, tiedel-diedel,
Tiedel-diedel, tiedel-diedel,
Rum-tum-tum-tiedel-dum.“

Er summte sich also dies Gesumm vor und ging froh vor sich hin und fragte sich, was wohl alle anderen machten und was das wohl für ein Gefühl wäre, ein anderer zu sein, als er plötzlich an einen sandigen Abhang kam, und in dem Abhang war ein großes Loch.

„Aha!“, sagte Pu. („Rum-tum-tiedel-um-tum.“) „Wenn ich überhaupt irgendwas

über irgendwas weiß, bedeutet dieses Loch Kaninchen", sagte er, „und Kaninchen bedeutet Gesellschaft", sagte er, „und Gesellschaft bedeutet Essen und Mir-beim-Summen-Zuhören und Ähnliches in der Art. Rum-tum-tum-tiedeldum."

Also bückte er sich, steckte seinen Kopf in das Loch und rief: „Ist jemand zu Hause?"

Plötzlich hörte man innen im Loch ein Trippeln, und dann war es wieder still.

„Ich sagte: ‚Ist jemand zu Hause?' ", rief Pu sehr laut.

„Nein!", sagte eine Stimme; dann fügte die Stimme hinzu: „Du brauchst nicht so laut zu rufen. Beim ersten Mal habe ich dich bereits sehr gut gehört."

„So ein Mist!", sagte Pu. „Ist denn überhaupt jemand da?"

„Niemand."

Winnie-der-Pu zog seinen Kopf aus dem Loch und dachte ein wenig nach, und zwar dachte er: Es muss jemand da sein, denn jemand muss ‚niemand' gesagt haben. Also steckte er seinen Kopf ins Loch zurück und sagte: „Hallo, Kaninchen, bist du das nicht?"

„Nein", sagte Kaninchen, diesmal mit einer anderen Stimme.

„Aber ist das nicht Kaninchens Stimme?"

„Ich glaube nicht", sagte Kaninchen. „Jedenfalls soll sie es nicht sein."

„Oh!", sagte Pu.

Er zog seinen Kopf aus dem Loch, dachte noch einmal gründlich nach, steckte den Kopf ins Loch zurück und sagte: „Könnten Sie mir dann liebenswürdigerweise sagen, wo Kaninchen ist?"

„Kaninchen besucht gerade seinen Freund Pu Bär, mit dem es sehr eng befreundet ist."

„Aber das bin ich doch!", sagte Bär überaus erstaunt.

„Welche Sorte von Ich?"

„Pu Bär."

„Bist du sicher?", fragte Kaninchen noch erstaunter.

„Ganz, ganz sicher", sagte Pu.

„Na, dann komm doch einfach rein."

Also gab sich Pu einen Schubs und noch einen Schubs und noch einen Schubs in das Loch hinein, und schließlich war er drin.

„Du hattest völlig recht", sagte Kaninchen und sah ihn von oben bis unten an. „Du bist es. Schön, dich zu sehen."

„Wer hätte ich denn sonst sein sollen?"

„Da war ich mir nicht sicher. Du weißt, wie es im Wald ist. Man kann nicht jeden in sein Haus lassen. Man muss vorsichtig sein. Wie wäre es mit einem Mund voll irgendwas?"

Pu nahm immer schon um elf Uhr vormittags gern eine Kleinigkeit zu sich, und er war sehr froh, als er sah, wie Kaninchen die Teller und Tassen hervorholte, und als Kaninchen sagte: „Honig oder Kondensmilch zum Brot?", war er so aufgeregt, dass er sagte: „beides", und dann, um nicht gierig zu wirken, fügte er „aber mach dir wegen des Brots keine Umstände"

hinzu. Und danach sagte er lange Zeit gar nichts … bis er schließlich, mit ziemlich klebriger Stimme vor sich hin summend, aufstand, Kaninchen liebevoll die Pfote drückte und sagte, nun müsse er aber weiter.

„Musst du wirklich?", sagte Kaninchen höflich.

„Tja", sagte Pu, „ich könnte noch ein wenig bleiben, wenn es … wenn du …", und er versuchte angestrengt, nicht dorthin zu starren, wo der Küchenschrank stand.

„Übrigens", sagte Kaninchen, „wollte ich ebenfalls soeben das Haus verlassen."

„Tja, dann will ich mal weiter. Lebe wohl."

„Gut, gut, lebe wohl, falls du bestimmt nichts mehr möchtest."

„Gibt es denn noch mehr?", fragte Pu schnell.

Kaninchen hob den Deckel von jedem Topf und sagte: „Nein, es war schon alles verputzt."

„Das hatte ich mir gedacht", sagte Pu und nickte bestätigend. „Na, dann lebe wohl. Ich muss weiter."

Und er begann, aus dem Loch zu klettern. Er zog mit den Vorderpfoten und drückte mit den Hinterpfoten, und nach einer gewissen Zeit war seine Nase wieder im Freien … und dann seine Ohren … und dann seine Vorderpfoten … und dann seine Schultern … und dann …

„Ach, Hilfe!", sagte Pu. „Ich gehe lieber wieder zurück."

„So ein Mist!", sagte Pu. „Ich muss hinaus."

„Es gelingt mir beides nicht!", sagte Pu. „Ach, Hilfe und so ein Mist!"

Unterdessen wollte Kaninchen ebenfalls einen kleinen Gang tun, und da die Vordertür bereits voll war, ging es zur Hintertür hinaus und kam zu Pu und sah ihn an.

„Hallo, sitzt du fest?", fragte es.

„N-nein", sagte Pu sorglos. „Ich ruhe mich nur aus und denke und summe vor mich hin."

„Komm, gib mir eine Pfote."

Pu Bär streckte eine Pfote aus, und Kaninchen zog und zog und zog …

„Au!", schrie Pu. „Du tust mir weh!"

„Es ist eine Tatsache", sagte Kaninchen. „Du sitzt fest."

„Das kommt alles daher", sagte Pu verärgert, „dass man Vordereingänge hat, die nicht groß genug sind."

„Das kommt alles daher", sagte Kaninchen streng, „dass man zu viel isst. Ich dachte vorhin schon", sagte Kaninchen, „wollte aber nichts sagen", sagte Kaninchen, „dass einer von uns beiden zu viel isst", sagte Kaninchen, „und ich wusste, dass ich nicht derjenige war", sagte es. „Dann werde ich mich mal auf den Weg machen und Christopher Robin holen."

Christopher Robin wohnte am anderen Ende des Waldes, und als der mit Kaninchen zurückkam und die vordere Hälfte von Pu sah, sagte er „Dummer alter Bär" mit so liebevoller Stimme, dass jeder wieder Hoffnung fasste.

„Mir fiel gerade ein", sagte Bär und

schniefte leicht, „dass Kaninchen vielleicht nie wieder seinen Vordereingang benutzen kann. Und das wäre mir ein schrecklicher Gedanke“, sagte er.

„Mir auch“, sagte Kaninchen.

„Seinen Vordereingang benutzen?“, sagte Christopher Robin. „Natürlich wird es seinen Vordereingang wieder benutzen.“

„Gut“, sagte Kaninchen.

„Wenn wir dich nicht herausziehen können, Pu, schieben wir dich vielleicht wieder zurück.“

Kaninchen kratzte sich nachdenklich am Schnurrbart und wies darauf hin, dass, sobald Pu zurückgeschoben worden war, er wieder zurück war, und natürlich könne es selbst, Kaninchen, sich nichts Schöneres vorstellen, als Pu bei sich zu Hause begrüßen zu dürfen, aber so sei es doch nun mal, manche wohnten auf Bäumen, und manche wohnten unterirdisch, und …

„Du meinst, ich komme hier nie wieder raus?“, sagte Pu.

„Ich meine“, sagte Kaninchen, „dass es, nachdem du nun schon mal so weit vorgedrungen bist, Verschwendung wäre, nicht in derselben Richtung weiterzuarbeiten.“

Christopher Robin nickte.

„Dann gibt es nur eins“, sagte er. „Wir

werden warten müssen, bis du wieder dünner bist."

„Wie lange dauert Dünnerwerden?", fragte Pu besorgt.

„Etwa eine Woche, würde ich annehmen."

„Aber ich kann doch nicht eine Woche lang hier bleiben!"

„Bleiben kannst du hier ganz leicht, dummer alter Bär. Dich hier herauszukriegen ist so schwierig."

„Wir werden dir vorlesen", sagte Kaninchen vergnügt.

„Und ich hoffe, dass es nicht schneit", fügte es hinzu. „Außerdem, mein Alter, nimmst du in meinem Haus reichlich viel Platz ein … Würde es dir etwas ausmachen, wenn ich deine Hinterbeine als Handtuchhalter verwende? Ich meine, sie sind nun mal da – untätig –, und es wäre praktisch, wenn ich meine Handtücher dort zum Trocknen aufhängen könnte."

„Eine Woche!", sagte Pu düster. „Wie ist es mit den Mahlzeiten?"

„Mahlzeiten wird es, fürchte ich, nicht geben", sagte Christopher Robin, „wegen des schnelleren Dünnerwerdens. Aber vorlesen werden wir dir."

Bär wollte gerade seufzen, merkte dann aber, dass er das nicht konnte, weil er so eingeklemmt war; eine Träne rollte ihm die Wange hinunter, als er sagte: „Würdest du dann bitte ein gehaltvolles Buch vorlesen, eins, das einem eingeklemmten Bären in starker Bedrängnis Hilfe und Trost spendet?"

Also las Christopher Robin dem Nordende von Pu ein solches Buch vor, und Kaninchen hängte seine Wäsche am Südende auf … und dazwischen spürte Bär, wie er immer schlanker wurde. Und als die Woche vorüber war, sagte Christopher Robin: „Jetzt!"

Also packte er Pus Vorderpfoten, und Kaninchen packte Christopher Robin, und sämtliche Bekannten und Verwandten von Kaninchen packten Kaninchen, und alle zogen …

Und lange Zeit sagte Pu nur: „Au!" …

Und „Ach!" …

Und dann, ganz plötzlich, sagte er „Plopp!", genau wie ein Korken, der aus der Flasche gezogen wird.

Und Christopher Robin und Kaninchen und sämtliche Bekannten und Verwandten von Kaninchen fielen auf den Rücken … und oben auf sie drauf fiel Winnie-der-Pu –: frei!

Also schenkte er seinen Freunden ein Nicken des Dankes und setzte seinen Weg fort, wobei er stolz vor sich hin summte. Aber Christopher Robin sah ihm liebevoll nach und sagte: „Dummer alter Bär!", vor sich hin.

Der Uhu, der Johannes hieß

Von Gina Ruck-Pauquèt

In einer Sommernacht, als eben ein Stern vom Himmel fiel, schlüpften im Tannenwald drei Uhukinder aus dem Ei. Zwei von ihnen waren wie alle Uhus der Welt. Der dritte aber war ein besonderer Uhu.

Uhuline, seine Mutter, merkte das sofort. Sie nannte ihn Johannes. Das ist für einen Uhu ein ganz und gar ungewöhnlicher Name. Uhus heißen nämlich sonst immer Jum-Jum.

„Ich werde diese Welt ergründen“, sagte Johannes zu den Tieren, als er zu sprechen anfing. Dann schloss er die Augen und dachte nach.

Bald beherrschte er die Uhusprache wie kein anderer. Sogar das schwierige Wort

„Schu-huau-schu-tsu-tschu“ sprach er fehlerfrei aus. Und er interessierte sich für alles. Jeden Abend schaute er nach, ob die Bäume gerade standen, er zählte die Sterne, sah hinter jeden Strauch, und er flog sogar bei Tag umher.

„Am Tag regiert die Sonne“, sagte Uhuline. „Sie wird dich verbrennen.“

Aber Johannes verbrannte nicht. Er stülpte sich ein nasses Blatt auf den Kopf.

„Ich bin weise“, sagte er eines Morgens um acht erschöpft. „Ich habe die Welt ergründet.“

Und er legte sich drei Tage und drei Nächte auf den Rücken und schlief.

Als er wieder aufwachte, begannen die Tiere ihm allerlei Fragen zu stellen. Und Johannes wusste immer eine Antwort.

„Wozu werfen die Bäume ihre Blätter ab?“, fragte ihn das Eichhörnchen im Herbst.

„Woher kommen die Blumen?“, wollte das Wiesel wissen.

„Warum ist der Himmel blau?“

Johannes sagte es ihnen.

Er schlichtete Familienstreit, er kannte ein Mittel gegen Zahnschmerzen, und als die Igelkinder nachts nicht schlafen wollten, komponierte er ein Igelwiegenlied.

„Wieso schnarcht das Rotkehlchen?“, fragte der Rabe in der Kra-Sprache.

Das Reh wollte erfahren, wo die Sonne ist, wenn sie nicht scheint.

„Woher kommt der Regen?“, fragten die Tiere.

„Was flüstern die Gräser zu?“

Und eines Tages zupfte ein kleiner Spatz Johannes am Flügel.

„Wo fängt die Welt an?“, piepste er.

„Links“, antwortete der große Uhu. „Und rechts hört sie auf. Du kannst sie übersehen.“

Aber ausgerechnet in diesem Augenblick geschah etwas, was Johannes noch nie erlebt hatte: Ein Flugzeug flog über den Wald dahin.

„Was ist das?“, fragte der Spatz.

„Ein Vögelchen“, brummte Johannes verächtlich.

Es war ihm unangenehm, dass das Flugzeug größer war als er selbst.

Das Flugzeug flog über ihn hinweg und weiter. Da wurde es Johannes plötzlich klar, dass die Welt nicht da zu Ende sein konnte, wo er es vermutet hatte. Denn wäre der fremde Vogel mit seiner großen Geschwindigkeit gegen die Grenze der Welt geflogen, so müsste es mindestens einen Knall gegeben haben.

Diese neue Erkenntnis erschreckte Johannes sehr.

„Wohin fliegt es?“, fragte der Spatz.

Und weil Johannes es nicht wusste, schrie er: „Schweig!“

Und alle Federn sträubten sich.

Von diesem Augenblick an konnte der Uhu nicht mehr glücklich sein. Und dass seine Mutter Uhuline ihm Anemonentee kochte, half überhaupt nichts.

Immer öfter geschah es nun, dass Flugzeuge über den Wald flogen. Und Johannes saß Tag und Nacht auf dem Wipfel

der höchsten Tanne und starrte ihnen nach.

Dann aber beschloss er, etwas zu unternehmen. Er wollte das Geheimnis der silbernen Vögel ergründen. Und er wollte wissen, wo die Welt zu Ende war.

In einer tiefen, stillen Nacht machte er sich auf.

Als seine Mutter merkte, dass er verschwunden war, flog sie jammernd über den Wald und weinte alle Bäume nass. Und die restlichen Söhne, die beiden Jum-Jums, weinten auch.

Johannes aber jagte den Flugzeugen nach. Doch so sehr er sich anstrengte, immer waren sie schneller als er. Sie sausten über ihn hinweg und weiter.

Längst hatte er den heimatlichen Wald hinter sich gelassen. Da sah er den Fluss. Er sah die Felder, die Wiesen und die Berge. Und je größer die Welt wurde, umso kleiner fühlte er sich. Johannes war bald mager und struppig geworden. Am Tage schlief er irgendwo. Unter einer Sonnenblume vielleicht oder auf dem Hut einer Vogelscheuche. Und nachts hob er sich in die Luft und folgte den Flugzeugen, die er für Vögel hielt und deren

Motorengebrumm ihm ihr Lied zu sein schien.

Einmal traf er den Mond.

„Oh“, wunderte sich Johannes, „bist du auch unterwegs?“

Denn der Mond hatte früher über dem Wald gewohnt.

Als Johannes eine Weile unterwegs war, wurden seine Flügel müde. So ging er ein Stück zu Fuß. Über eine Brücke wanderte er mitten in eine Ortschaft hinein. Er staunte sehr, denn er hatte noch nie ein Dorf gesehen.

Für kurze Zeit glaubte er, dass hier das Ziel der silbernen Vögel sein müsse. Aber die Flugzeuge flogen über ihn hinweg und weiter.

Da breitete Johannes seine Flügel aus und folgte ihnen. Immer noch war er neugierig, aber er begann zu ahnen, dass die Welt größer war als sein Uhuverstand.

Es war Abend, als er in die Stadt kam. Johannes setzte sich auf eine Fernsehantenne und schaute hinab.

Ein Wald von Häusern, dachte er. Und die Menschen schienen ihm übergroße Uhus zu sein.

„Schuhuuu!“, rief er. Aber sie beachteten ihn nicht. Mit der Dunkelheit wurde es still. Da schritt Johannes durch die Straßen. Er schaute in die Fenster der Häuser, er begegnete einem Kater mit Lampionaugen, und einmal stelzte er zwischen den Beinen eines Polizisten hindurch. Alles, was er sah und erlebte, setzte ihn in Erstaunen.

„Johannes“, sagte er zu seinem Spiegelbild in der Regenpfütze, „ich glaube nicht, dass du weise bist.“

Um vier in der Nacht, als die Kirchturmuhr drei schlug, denn sie ging eine Stunde nach, traf Johannes einen Mann. Er saß auf dem Bürgersteig und war ganz allein. Und außerdem war er ein bisschen betrunken. Aber das merkte der Uhu nicht.

„Guten Abend“, sagte er. „Schuhu.“

„Guten Abend“, sagte der Mann. „Hick!“

„Wo ist die Welt zu Ende?“, fragte Johannes.

„Warum sitze ich hier?“, fragte der Mann.

„Wohin fliegen die silbernen Vögel?“

„Warum sitze ich hier?“

Dass sie so seltsam miteinander redeten, lag daran, dass sie zwei verschiedene Sprachen hatten.

Als die Morgendämmerung kam, radelte ein Junge mit Zeitungen durch die Stadt. Und weil sich Johannes plötzlich müde fühlte, hockte er sich hinten auf den Gepäckträger und fuhr ein Stückchen mit.

„Ein Uhu!“, schrien die Marktfrauen, die eben ihre Blumen- und Obststände aufbauten.

Und das Mädchen, das die Brötchen austrug, machte ein ganz andächtiges Gesicht, denn einen so großen Vogel hatte es noch nie gesehen. Es kannte nur ein paar Spatzen und einen Wellensittich namens Kaftikus.

Johannes hätte gerne gefrühstückt. Doch da flog ein Flugzeug über ihn hinweg. So

warf er sich mit leerem Magen in die Luft und folgte ihm. Aber das Flugzeug war schneller als er.
Als Johannes die Stadt hinter sich ließ, sah er, dass auch hier die Welt noch nicht zu Ende war. Er machte die Augen zu und horchte in sich hinein.
Die Welt scheint ohne Ende, grübelte Johannes. Wer weiß, ob ich das Ziel der silbernen Vögel je erfahre. Aber ich habe viel erlebt. Ich will erst einmal nach Hause fliegen, in den Wald.
So kehrte er um. Und damit er unterwegs nicht immer das Lied der Flugzeuge hören musste, steckte er sich Kirschblütenblätter in die Ohren.
„Hurra!“, schrie Uhuline, „Johannes ist wieder da!“
Da eilten die Tiere herbei. Auch die, die fest geschlafen hatten. Sie setzten sich in einem großen Kreis rund um Johannes. Auf Moospolster, Sträucher und Bäume setzten sie sich, und manche setzten sich auf die Schultern der anderen.
„Erzähl!“, schrie der Spatz. „Wohin fliegen die silbernen Vögel?“
„Ich weiß es nicht“, sagte Johannes. „Es gibt vieles, was ich nicht weiß.“
Die Tiere schauten ihn erstaunt an.
„Sprich“, sagten sie dann. „Wo ist die Welt zu Ende?“
„Ich weiß es nicht“, sagte Johannes. „Die Welt ist groß, und ich bin klein.“
Da spürten die Tiere, dass Johannes erst jetzt wirklich weise geworden war.
Der Uhu, der Johannes hieß, ist für immer in seinem Wald geblieben. Als es Frühling wurde, nahm er sich eine Uhufrau.
Und in einer Sommernacht schlüpften wieder drei Uhukinder aus dem Ei. Zwei von ihnen waren wie alle Uhus der Welt. Der dritte aber war ein besonderer Uhu. Er wuchs heran, und eines Tages sah er die Flugzeuge, die er für silberne Vögel hielt.
Da breitete er die Flügel aus und folgte ihnen.

Wie das Kamel seinen Höcker kriegte

Von Rudyard Kipling

Nun kommt die nächste Geschichte, und sie erzählt, wie das Kamel seinen großen Höcker kriegte. Am Anfang aller Jahre, als die Welt so ganz und gar neu war und die Tiere gerade anfingen, für den Menschen zu arbeiten, da gab es ein Kamel, und das lebte mitten in einer scheuseligen Wüste, weil es arbeitsscheu und außerdem noch ein Scheusal war. Deshalb aß es Stöcke und Dornen und Tamarisken und Wolfsmilch und Stacheln, ganz schauerlich faul; und wenn jemand etwas zu ihm sagte, sagte es: „Hö-kchch!", bloß „Hö-kchch!", und sonst nichts. Bald kam das Pferd zu ihm, am Montagmorgen, mit einem Sattel auf dem Rücken und einer Kandare im Mund, und es sagte: „Kamel, o Kamel, komm raus da und trab los wie wir anderen." „Hö-kchch!", sagte das Kamel; und das Pferd ging weg und erzählte es dem Menschen.

Bald darauf kam der Hund zu ihm, mit einem Stock im Mund, und sagte: „Kamel, o Kamel, komm und such und

schlepp wie wir anderen." „Hö-kchch!", sagte das Kamel; und der Hund ging weg und erzählte es dem Menschen.

Bald danach kam der Ochse zu ihm, mit dem Joch auf dem Nacken, und sagte: „Kamel, o Kamel, komm und pflüg wie wir anderen."

„Hö-kchch!", sagte das Kamel; und der Ochse ging weg und erzählte es dem Menschen.

Am Ende des Tages rief der Mensch Pferd und Hund und Ochse zu sich und sagte: „Drei, o ihr drei, ihr tut mir sehr leid (wo doch die Welt noch so ganz und gar neu ist); aber dieses Hö-kchch-Dings in der Wüste kann nicht arbeiten, sonst wäre es ja längst hier, und deshalb lass ich es in Ruhe, und ihr müsst doppelt so viel arbeiten, um das auszugleichen."

Das machte die drei sehr ärgerlich (wo die Welt doch noch so ganz und gar neu war), und sie hielten ein Palaver ab und ein ‚indaba' und einen ‚pantschajat' und ein ‚pau-au' am Rande der Wüste; und das Kamel kam vorbei, kaute auf Wolfsmilch, ganz schauerlich faul, und lachte sie aus. Dann sagte es: „Hö-kchch!", und ging wieder weg. Bald kam der Dschinn vorrüber, der für alle Wüsten zuständig ist; er rollte in einer Staubwolke einher (Dschinns reisen immer so, das ist nämlich Zauberei), und er hielt an, um mit den dreien ein Palaver und ‚pau-au' zu machen.

„Dschinn aller Wüsten", sagte das Pferd, „ist es denn richtig, dass jemand nichts tut, wo doch die Welt so ganz und gar neu ist?" „Ganz bestimmt nicht", sagte der Dschinn. „Also", sagte das Pferd, „da steckt mitten in deiner scheuseligen Wüste so ein Ding, selbst auch ein Scheusal, mit langem Hals und langen Beinen, und seit Montagmorgen hat es kein bisschen gearbeitet. Es will nicht traben."

„Juj!", sagte der Dschinn; er pfiff. „Das ist mein Kamel, bei allem Gold von Arabien! Was hat es denn dazu zu sagen?"

„Es sagt ‚Hö-kchch!' ", sagte der Hund. „Und es will nicht suchen und schleppen." „Sagt es sonst noch was?" „Nur 'Hö-kchch', und pflügen will es auch nicht", sagte der Ochse.

„Na schön", sagte der Dschinn.

„Ich werde ihm ein bisschen was aufbrummen, wenn ihr so freundlich seid, einen Moment zu warten.“

Der Dschinn rollte sich in seinen Staubmantel und machte eine Peilung quer durch die Wüste und fand das Kamel; es war gerade ganz schauerlich faul und betrachtete sein Spiegelbild in einer Wasserpfütze.

„Mein langer, blubbernder Freund“, sagte der Dschinn, „was höre ich da von wegen nicht arbeiten, wo doch die Welt so ganz und gar neu ist?“

„Hö-kchch!“, sagte das Kamel.

Der Dschinn setzte sich hin, die Hand unterm Kinn, und begann einen großen Zauber zu denken, während das Kamel sein eigenes Spiegelbild in der Wasserpfütze betrachtete.

„Seit Montagmorgen hast du den anderen dreien Extraarbeit aufgeladen, alles bloß wegen deiner schauerlichen Faulheit“, sagte der Dschinn; und er dachte weiter großen Zauber mit der Hand unterm Kinn.

„Hö-kchch!“, sagte das Kamel. „Das würde ich nicht noch mal sagen, wenn ich du wär“, sagte der Dschinn; „du könntest es einmal zu oft sagen. Blubberchen, ich will, dass du arbeitest.“

Und das Kamel sagte wieder: „Hö-kchch!“; aber kaum hatte es das gesagt, da sah es, wie sein Rücken, auf den es so stolz war, sich auf und immer aufer blies zu einem großen wabbelnden Höck.

„Siehst du?“, sagte der Dschinn. „Das ist dein ganz eigener Höck, den du dir ganz allein angeschafft hast, weil du nicht arbeitest. Heute ist Donnerstag, und seit Montag, als die Arbeit losging, hast du noch nichts geschafft. Jetzt wirst du arbeiten.“

„Wie kann ich denn“, sagte das Kamel, „mit diesem Höck auf dem Rücken?“

„Der ist mit Absicht da“, sagte der Dschinn, „weil du diese drei Tage versäumt hast. Und du wirst jetzt drei Tage hintereinander arbeiten können, ohne zu essen, weil du von deinem Höck leben kannst; und sag bloß nicht, ich hätte nie was für dich getan. Jetzt komm raus aus der Wüste und geh zu den dreien und benimm dich. Höck dich an die Arbeit!“

Und das Kamel höckte sich, samt Höck und allem, und ging los zu den dreien. Und seit diesem Tag trägt das Kamel immer einen Höck (wir nennen ihn heute Höcker, um dem Kamel nicht wehzutun), aber die drei Tage hat es nie aufgeholt, die es am Anfang der Welt verloren hat, und benehmen kann es sich noch immer nicht.

Eine tierische Schulstunde

Von Manfred Mai

Heute dürfen die Kinder der zweiten Klasse ihre Haustiere mit in die Schule bringen. Natürlich nicht einfach so zum Spaß. Im Sachunterricht sprechen sie zurzeit über das Thema „Haustiere“. Und gestern hat Frau Schulte gesagt, wer ein Haustier habe, dürfe es heute mitbringen. Achtzehn der vierundzwanzig Kinder haben ein Haustier, manche haben sogar zwei oder drei Tiere. Von der weißen Maus über die Angorakatze bis zum Bernhardiner ist alles vertreten.

Nacheinander stellen die Kinder ihre Tiere vor und berichten, worauf man bei der Haltung und Pflege achten muss. Hier und da ergänzt Frau Schulte noch etwas.

Als Marcel an der Reihe ist und mit seinem Bernhardiner Bubu nach vorn zum Lehrertisch geht, weicht Frau Schulte ein wenig zurück. Der riesige Hund ist ihr nicht ganz geheuer.

Während Marcel den Kindern erzählt, was Bubu an einem Tag alles frisst, schleicht Svenjas Kater Schnurri unbemerkt zu dem Karton, in dem Davids Meersau Tinchen sitzt. Schnurri macht Männchen und lehnt sich mit den Vorderpfoten auf den Rand des Kartons. Der kippt um, Tinchen purzelt auf den Boden und saust pfeifend zwischen Kinder-, Stuhl- und Tischbeinen herum. Vor lauter Schreck stößt Katrin den Käfig mit ihrer Maus Pipsi vom Tisch. Die Käfigtür springt auf und schon ist Pipsi draußen.

„Hilfe!“, ruft Katrin aus Angst um ihre Pipsi.

Schnurri hat Pipsi auch schon entdeckt. Mit einem Satz springt er vom Tisch und jagt hinter Pipsi her. Die Angorakatze ist auch nicht mehr zu halten.

Jetzt wird sogar der sonst so ruhige Bubu unruhig. Er bellt so laut, dass Annes Kanarienvogel Pit wie wild in seinem Käfig herumflattert.

Auch Wuff, Schnauzer und Fetzi bellen kräftig.

„Schnauze!“, krächzt Miriams Papagei Joko.

„Ruhe, bitte!“, ruft Frau Schulte und schielt dabei ängstlich zu Bubu hinüber.

Aber die Tiere hören nicht auf sie. Und auch die Kinder rufen wild durcheinander. Die ersten fangen an zu weinen, andere finden das alles lustig und lachen.

Pipsi hat sich hinter dem Wandschrank verkrochen. Kater Schnurri und die Angorakatze versuchen zwar, Pipsi mit den Pfoten zu erwischen, schaffen es aber zum Glück nicht.

„Haltet mal eure blöden Katzen fest!“, ruft Katrin.

Doch das ist leichter gesagt als getan. Der Kater und die Katze fauchen, so dass sich niemand an sie rantraut. Erst als Bubu mit Marcel angetrottet kommt, weichen Schnurri und die Angorakatze zurück. Der Bernhardiner ist ihnen für einen Kampf doch ein wenig zu groß.

Davids Meersau Tinchen saust immer noch kreuz und quer durchs Klassenzimmer. Und David immer hinterher. Dabei stößt er Miriams Papagei von der Stange.

„Quatschkopf! Quatschkopf!“, krächzt Joko.
Inzwischen schwirrt auch ein Wellensittich durchs Zimmer und kackt Marcel auf den Kopf.
„Pfui Teufel!“, ruft der. „So eine Schweinerei!“
Frau Schulte rauft sich verzweifelt die Haare. „Gebt endlich Ruhe!“, schreit sie so laut, dass die Kinder und die meisten Tiere erschrecken.
Einen Augenblick lang ist es mucksmäuschenstill. Nur Joko krächzt: „Quatschkopf! Quatschkopf!“
„Halt den Schnabel!“, sagt Frau Schulte. „Und ihr fangt jetzt schnell eure Tiere ein. Los, los!“
Ganz so schnell geht es zwar nicht, aber nach zehn Minuten ist der ganze Trubel vorbei. Und Frau Schulte schwört sich, in Zukunft nur noch Bilder und Filme zu zeigen, wenn das Thema „Haustiere“ auf dem Stundenplan steht.

Von Kän Guru, der sich eine Hose wünschte

Von Alberto Moravia

Herr Kän Guru hatte eine sonderbare Figur. Die beiden Vorderpfoten waren so klein, dass sie nicht bis zur Erde reichten, sondern ständig in der Luft baumelten. Seine Hinterpfoten dagegen waren lang und stark und stemmten sich fest in den Boden.

Das sah zwar komisch aus, aber Herrn Kän Guru störte das nicht, ganz im Gegenteil.

Seit einiger Zeit hatte Herr Kän Guru einen heimlichen Wunsch, der ihn nicht mehr losließ. Er hätte zu gern eine Hose gehabt.

In der Wüste Australiens war er nämlich einmal zwei Menschen begegnet, die Hosen anhatten, und seitdem träumte er davon, auch eine zu haben.

Die beiden Menschen suchten nach Gold, das im Wüstensand und in den Steinen verborgen war.

Der unerfahrene Kän Guru wusste nicht, was Gold war. Er beobachtete nur, wie Menschen Steine aufsammelten, und nahm an, dass es gewöhnliche, wertlose Steine seien.

Warum verhielten sich die Menschen aber so, als ob die Steine sehr kostbar wären? Kän Guru konnte sich keinen Reim darauf machen.

Eines Tages spielte sich vor den Augen Kän Gurus Folgendes ab: Unter einem Baum lag ein großer Haufen Steine. Die beiden Menschen waren gerade dabei, den einen Haufen in zwei gleich große Haufen aufzuteilen.

Da kullerte ein Stein fort.

Einer der beiden Männer bückte sich, um ihn aufzuheben. Der andere hob blitzschnell seine Axt und ließ sie auf den Mann niedersausen. Der Arme war auf der Stelle mausetot.

Kän Guru war entsetzt und dachte: Schrecklich, was Menschen für eine neue Hose tun!

Für Kän Guru gab es nichts Schöneres als eine Hose, und deshalb nahm er selbstverständlich an, der Mann sei auf die Hose des anderen aus gewesen.

Zu seinem Erstaunen kümmerte sich der Mörder jedoch nicht um die Hose des Erschlagenen. Er schaufelte stattdessen ein Loch und begrub ihn mitsamt der Hose.

Dann schichtete er die Steine in zwei Tragtaschen, lud sie seinem Esel auf und machte sich aus dem Staub.

Wenn Kän Guru so mutterseelenallein durch die Wüste wanderte, führte er oft Selbstgespräche. Damit vertrieb er sich die Langeweile.

Während er so vor sich hin trottete, dachte er dann laut: „Die Menschen schätzen die Steine unserer Wüste sehr. Sie sind ihnen viel, viel mehr wert als Hosen. Also werde ich meinen Bauchbeutel mit Steinen füllen. Dann gehe ich zu den Menschen und biete sie ihnen an. Als Bezahlung werde ich eine Hose verlangen."

Kän Guru glaubte allein zu sein.

Als er jedoch aufhörte zu sprechen, vernahm er über seinem Kopf höhnisches Gelächter.

Er schaute nach oben.

Da sah er auf einem Ast zwei wohlbekannte Gesellen sitzen: Papa Gei und Schim Panse.

Alle beiden bogen sich vor Lachen und machten keinen Hehl daraus, dass er, Kän Guru, der Grund ihres Gelächters war.

Gekränkt fragte Kän Guru: „He, ihr da, lacht ihr etwa über mich?"

Papa Gei antwortete mit scheinheiliger Miene: „Wir lachen über gewisse Dummköpfe, die glauben, die Welt zu kennen und dabei ..."

„Meint ihr etwa mich?"

„Ja, genau dich."

„Warum?"

„Weil du dich in Bezug auf die Menschen irrst. So wirst du nie zu deiner Hose kommen."

„Nie!", echote Schim Panse.

„Was meint ihr damit? Raus mit der Sprache, sonst werde ich böse!", schimpfte Kän Guru.

Schim Panse schlug einen Purzelbaum und sagte dann: „Siebenmalkluger Kän Guru, du hast schon recht. Unsere Steine schätzen die Menschen sehr – weiß der Kuckuck, warum. Aber darf ich fragen,

was du zu tun gedenkst, wenn du vor ihnen stehst? Wie erklärst du ihnen dein Begehr? Sie könnten zum Beispiel glauben, dass du ihnen die Steine schenken willst. Dann werden sie die Steine nehmen, freundlich ‚danke schön' sagen, und du gehst leer aus."

Kän Guru war betroffen. An alles hatte er gedacht! Dass es ihm aber vollkommen unmöglich war, sich mit den Menschen zu verständigen, war ihm nicht in den Sinn gekommen.

Nachdenklich kratzte er sich am Kopf, seufzte und sagte dann zu Schim Panse: „Schim Panse, du bist klug, gib mir einen Rat."

Schim Panse verzog sein Gesicht in würdevolle Falten und fragte: „Weißt du überhaupt, wie die Menschen sich untereinander verständigen?"

„Nein, das weiß ich nicht."

„Sie haben einen Laut. Aber es ist kein Blöken und kein Wiehern, kein Muhen und kein Trompeten, kein Grunzen und kein Miauen, es ist auch kein Kläffen. Es ist ein Laut, den wir Tiere nicht kennen. Er klingt wie alle diese Laute zusammen und noch viele andere mehr."

„Und wie heißt ihr Laut?"

„Er heißt Sprache."

„Aha, Sprache!"

„Aber das ist nicht alles. Sie benutzen nicht nur die Sprache, sondern sie machen auch Bewegungen mit den Händen und mit dem ganzen Körper. Gesten nennen sie die."

„Sprache und Gesten: Hm, ja. Und weiter?"

„Du musst dich jemandem anvertrauen, der die Sprache kennt und der weiß, was die Gesten bedeuten."

„Ja, und wem?"

Papa Gei wurde ungeduldig und kreischte: „Uns beiden sollst du dich anvertrauen, Kän Guru – Schim Panse und mir. Ich kenne die Sprache, und Schim Panse weiß, was die Gesten bedeuten."

Kän Guru war immer noch nicht überzeugt: „Schön und gut. Aber ihr müsst mir erst beweisen, dass ihr wirklich Sprache und Gesten der Menschen beherrscht."

Hier ist es wichtig zu wissen, dass Papa Gei viele Jahre, an eine Stange gekettet, in einer Familie mit vier frechen Kindern verbracht hatte. Und Schim Panse hatte lange in einem Käfig im Zoo gelebt.

Die Kinder hatten ihren Schabernack mit ihm getrieben und ihm Grimassen geschnitten.

Irgendwann war es Papa Gei und Schim Panse gelungen zu fliehen. Und seit sie wieder in der Wüste waren, brüsteten sie sich damit, die Menschen in- und auswendig zu kennen.

Papa Gei schrie: „Aufgepasst! Ich spreche jetzt." Er plusterte sich auf, streckte den Hals vor und kreischte: „Trottel, Schwachkopf, Blödmann, Dummerjan."

Kän Guru fragte: „Also, das ist die Sprache?"

„Ja, genau, das ist die Sprache."
„Und die Gesten, bitte schön!"
Schim Panse war schon bereit. Er schwang sich von Ast zu Ast, bis hinauf in die Baumkrone. Von dort zeigte er ihnen triumphierend einen Vogel und streckte ihnen die Zunge heraus.
Kän Guru fragte: „Das sind die Gesten?"
„Ja, das sind sie."
Kän Guru kratzte sich wieder am Kopf und sagte dann: „Ja, ja, ich glaube, ihr könnt wirklich sprechen und gestikulieren. Lasst uns keine Zeit verlieren, ich will endlich eine Hose. Was wollt ihr als Belohnung dafür, dass ihr mir mit den Menschen helft?"
Papa Gei schrie sofort: „Ich wünsche mir ein Hemd, möglichst reich bestickt."
Schim Panse hingegen antwortete: „Und ich will eine blau-rot gepunktete Unterhose."

„Warum gepunktet?"
„Das sieht menschlicher aus."
„Ah, so ist das."
Eines schönen Tages war es so weit. Kän Guru füllte seinen Bauchbeutel mit gewöhnlichen Steinen. Hoppeldihopp, machte er sich in großen Sprüngen auf den Weg. Über seinem Kopf flatterte Papa Gei. Neben ihm hüpfte Schim Panse und schlug Purzelbäume.
Vor ihnen lag das Dorf der Menschen, die nach Gold suchten. Es bestand aus Zelten und Blockhütten.
An jenem Tag war zufällig eine Leine von einem Pfahl zum anderen gespannt. Daran hingen einige Hosen, viele Hemden und auch ein paar Unterhosen zum Trocknen in der Sonne.
Einer der Goldgräber war gerade vor seinem Zelt und hackte mit der Axt Holz.

Kän Guru näherte sich höflich und räusperte sich, um auf sich aufmerksam zu machen. Dann ließ er alle Steine aus seinem Bauchbeutel auf den Boden plumpsen.

Der Mensch blieb wie angewurzelt stehen, den Mund weit aufgerissen vor Staunen. Schließlich rief er seine Frau herbei. Sie kochte gerade im Zelt.

„Hast du so was schon gesehen? Erst schüttet mir das Biest die ganzen Felsbrocken vor die Füße, und jetzt starrt es mich an, als ob es etwas von mir wollte.“

Die Frau war misstrauisch und warnte ihn: „Nimm dich in Acht, Kängurus schlagen gern!“

Kän Guru wartete eine Weile, dann drehte er sich zu Papa Gei um und sagte: „Jetzt zeig, was du kannst.“

Papa Gei flog eine Runde über dem Kopf des Menschen und kreischte: „Trottel, Schwachkopf, Blödmann, Dummerjan.“

Wütend schrie der Mann: „He, was ist denn in dieses Vieh gefahren?“

Kän Guru, voller Hoffnung auf eine Hose, forderte Schim Panse auf: „Jetzt bist du an der Reihe. Los, mach schon!“

Schim Panse trat ganz dicht an den Menschen heran. Höhnisch tippte er sich mit dem Zeigefinger an die Stirn und streckte ihm die Zunge weit heraus.

Aber da hättet ihr den Menschen sehen sollen! Er bückte sich, packte einen Knüppel und drosch auf die armen Tiere ein. Am übelsten wurde Kän Guru zugerichtet. Seine Vorderpfoten waren angeknackst. Papa Geis Flügel hing lahm herunter. Und Schim Panse kriegte den Rücken versohlt.

Schleunigst machten sich die drei aus dem Staub.

Sie rannten um ihr Leben, bis sie wieder sicher in der Wüste waren.

So gab es keine Hose für Kän Guru, kein Hemd für Papa Gei und keine Unterhose für Schim Panse.

Vor allem aber gab es keine Verständigung zwischen den Menschen und den Tieren.

Die eingebildete Fliege

Von Hanna Hanisch

Es war einmal eine Fliege, eine ganz normale Küchenfliege, die dachte, wunder wer sie wäre. Den ganzen Tag summte sie herum: „Ich bin die schönste und klügste Fliege der Welt!“

„Tsss!“, machten ihre Freunde und flogen davon. Wer hat schon gern mit eingebildeten Leuten zu tun!

Na schön, dachte die Fliege. Wenn meine Freunde nichts von mir wissen wollen, dann werde ich mich in eine Wespe verwandeln. Sie setzte sich ins Gras und strickte eine Wespenjacke mit gelb-schwarzen Streifen. Um die Jacke herum band sie einen engen Gürtel.

„Was bist du für eine komische Wespe?“, fragten die Wespen im Garten.

„Ich bin die schönste und klügste Wespe der Welt!“, summte die Fliege.

„Bsss!“, machten die Wespen und stoben auseinander. Mit dieser Wespe wollten sie nichts zu tun haben.

Na schön, dachte die Fliege. Dann will ich ein Kuckuck sein.

Sie setzte sich wieder ins Gras und strickte einen grau-braun-bunten Kuckucksrock.

„Was bist du für ein seltsamer Kuckuck?“, fragten zwei Kuckucke, die im Eichenbaum saßen.

„Ich bin der schönste und klügste Kuckuck der Welt!“, tönte die Fliege.

„Kuckuck!“, riefen die beiden Kuckucke und flogen auf einen anderen Baum.

Na schön, dachte die Fliege. Dann will ich jetzt ein Adler sein.

Sie setzte sich noch einmal ins Gras und strickte mit viel Mühe einen weiten schwarzbraunen Adleranzug.

„Was bist du für ein wunderliches Tier?“, fragte der Adler vom Felsen herab.

„Ich bin der schönste und klügste Adler der Welt!“, summte die Fliege.

„Dummes Ding!“, rief der Adler und stieg noch höher in die Luft.

Da war die Fliege enttäuscht. Nirgends hatte sie Freunde gefunden. Sie streifte ihren Adleranzug ab und flog zurück zu den beiden Kuckucken.

„Liebe Kuckucke, ich bin so allein. Darf ich bei euch wohnen!“

„Gern“, sagten die Kuckucke, „aber wir fliegen morgen früh nach dem Süden. Unsere Zeit hier ist um.“

„O weh!“, jammerte die Fliege. „So weit

kann ich nicht fliegen."
Sie flog zurück in den Garten zu den Wespen.
„Liebe Wespen, ich lebe allein, ganz ohne Bekanntschaft, darf ich bei euch wohnen?"
„Warum nicht?", sagten die Wespen. „Aber wir haben keine Zeit für dich. Feinde haben unser Nest zerstört. Wir müssen es neu bauen."
„O weh!", klagte die Fliege. „Wenn das Wespenleben so gefährlich ist, dann will ich lieber eine Fliege bleiben."

Und sie flog zurück in die Küche zu den Fliegen.
„Liebe Fliegen, darf ich wieder bei euch sein?"
„Aber gern!", summten die Fliegen. „Du gehörst ja zu uns. Doch musst du uns versprechen, nicht mehr so eingebildet zu sein."
Die Fliege versprach es. Sie kroch mit den anderen Fliegen zusammen in ein warmes Versteck.
Wir wollen hoffen, dass sie gut über den Winter gekommen ist.

Quellenverzeichnis

Ulrike Sauerhöfer, **Mein Onkel Frank aus Bremen**
© bei der Autorin

Sophie Brandes, **Wir heißen Flickflack, und du?**
© bei der Autorin

Josef Guggenmos, **Gespräch der Fische**
© bei Josef Guggenmos Erben

Brüder Grimm, **Der gestiefelte Kater**
© 1998 bei Esslinger Verlag, Esslingen
Nacherzählt von Arnica Esterl

Paul Maar, **Die Geschichte von der Kuh Gloria**
aus: Paul Maar, Der tätowierte Hund
© 2003 bei Verlag Friedrich Oetinger GmbH, Hamburg

Ulrike Sauerhöfer, **Der Karpurzelforscher**
© bei der Autorin

Josef Guggenmos, **Vom Igel, der Hunger hatte**
© bei Josef Guggenmos Erben

Gina Ruck-Pauquèt, **Sascha will einen Hund**
aus: Gina Ruck-Pauquèt, Eine Badewanne voll Geschichten
© 1974 bei Annette Betz Verlag im Verlag Carl Ueberreuter, Wien – München

Gunter Preuß, **Antonia von Rosenstrauch**
aus: Gunter Preuß, Leselöwen-Hundegeschichten
© 1996 bei Loewe Verlag GmbH, Bindlach

Erich Kästner, **Das Schwein beim Friseur**
aus: Erich Kästner, Das Schwein beim Friseur und andere Geschichten
© 1962 bei Atrium Verlag, Zürich, in der Verlagsgruppe Friedrich Oetinger GmbH, Hamburg

Terry Jones, **Der Seetiger**
aus: Terry Jones, Von Hexen, Elfen und fliegenden Tigern
© 1993 Pavilion Books / Anova Books, London
© 1995 bei Eichborn AG, Frankfurt
Deutsche Übersetzung von Dagmar Fretter

Regine Schindler, **Katze und Hund**
© bei der Autorin

Mira Lobe, **Dann rufen alle Hoppelpopp**
aus: Mira Lobe, Die schönsten Tiergeschichten
© 2003 bei G&G Kinder- und Jugendbuch Verlag, Wien

Ulrike Sauerhöfer, **Das stärkste Tier der Welt**
© bei der Autorin

Janosch, **Bärenzirkus Zampano**
aus: Janosch, Das große Janosch-Buch
© 2001 bei Beltz & Gelberg in der Verlagsgruppe Beltz, Weinheim & Basel

Cornelia Funke, **Salambos Kinder**
aus: Cornelia Funke, Leselöwen-Tiergeschichten
© 1997 bei Loewe Verlag GmbH, Bindlach

Alexander A. Milne, **Pu der Bär macht einen Besuch**
aus: Alexander A. Milne, Pu der Bär
© 1987 bei Atrium Verlag, Zürich, in der Verlagsgruppe Friedrich Oetinger GmbH, Hamburg
Deutsche Übersetzung von Harry Rowohlt

Gina Ruck-Pauquèt, **Der Uhu, der Johannes hieß**
aus: Gina Ruck-Pauquèt, Eine Badewanne voll Geschichten
© 1974 bei Annette Betz Verlag im Verlag Carl Ueberreuter, Wien – München

Rudyard Kipling, **Wie das Kamel seinen Höcker kriegte**
aus: Rudyard Kipling, Genau-so-Geschichten
© 1990 bei Gisbert Haefs (deutsche Übersetzung)

Manfred Mai, **Eine tierische Schulstunde**
aus: Manfred Mai, Leselöwen-Schulgeschichten
© 1997 bei Loewe Verlag GmbH, Bindlach

Alberto Moravia, **Von Kän Guru, der sich eine Hose wünschte**
aus: Alberto Moravia, Kän Guruh und Kroko Dil. Die schönsten Tiergeschichten
© 1991 bei Egmont Verlagsgesellschaften mbH, München
Deutsche Übersetzung von Astrid Merker

Hanna Hanisch, **Die eingebildete Fliege**
aus: Hanna Hanisch, Das große Tam-Tam. Geschichten aus aller Welt
© 1986 bei Rowohlt Taschenbuch Verlag GmbH, Reinbek bei Hamburg

Leider konnten nicht alle Rechteinhaber ermittelt werden. Soweit Autoren-, Übersetzer- oder Verlagsrechte berührt werden, bittet der Verlag um Benachrichtigung zur nachträglichen Abdruckregelung.